One-Person Management: The Low-Risk, High-Profit Path to Ultimate Freedom

会社は大きくせず、1人で経営しなさい

山本憲明

Noriaki Yamamoto

はじめに

近年、「個の時代」「多様性の時代」が加速していると言われる中で、1人経営という選択肢は、これまで以上に大きな注目を集めています。かつては、人を雇い規模を拡大しなければ「経営者とは言えない」という固定観念が主流でした。しかし、AIやデジタルツールの進化、社会環境の流動化によって、1人でのビジネスが驚くほど多様な形で成立するようになりました。

本書は、そんな1人経営の可能性を余すところなく示しながら、いかに〝自分が幸せになるため〟にビジネスを設計し、実行していくかを提案していきます。規模を求めすぎないことで得られる自由や、束縛されない働き方のメリットを具体的な実例とともに紹介し、さらにどんなに時代が変わっても色あせない「自分らしさ」の活かし方を解説しています。

昨今は急激な環境変化に見舞われ、誰しもが変化への柔軟性や即応力が求められる時代になりました。大企業や伝統的な組織に属していても安泰ではなく、自らの仕事や生き方を組み替えなければならない場面が急増しています。そんなとき、1人で稼ぎ、1人でやりくりできる力を養っておけば、環境に振り回されることなく、自分の人生をコントロールしやすくなるでしょう。

また、ＡＩなどのテクノロジーが発展していくこれからこそ、少人数（1人）で機動的に動く企業形態が有利な場面が増えてくると考えられます。ＡＩを有能な部下にして、業務を効率化し、そこで生まれた時間を有意義なことに使う、そういった道も開けてきたと感じています。こうした環境変化は、どれも1人経営に追い風と言えるでしょう。

また本書では、「幸せな人生」は自分自身が定義してこそ意味がある、という視点を大切にしています。１人経営の醍醐味は、ビジネスだけでなく、自分の生き方全体を自由にデザインできるところにあります。収益の規模や派手さを競うのではなく、自分らしく働き、自分らしい幸せを築き上げるために、ぜひ本書をヒントにしてみてください。たとえば、ＡＩの活用で生まれた時間を使って、さらに仕事に励むのか、仕事以外の時間に使うのか、それはあなたが描く「幸せ」の形によって違うはずです。

組織拡大に追われて疲弊するのではなく、「自分が定義する幸せ」に向けて柔軟に舵を切る自由――それを実践するためのヒントを、本書でつかんでいただければ嬉しく思います。

会社は大きくせず、1人で経営しなさい　目次

第1章 1人で経営できる時代に、大きくする必要はない

第2章

会社経営と「人生設計」を考える

第**3**章

誰でも成功する！ 1人会社の作り方と運営方法

第**4**章

時間とお金のリソースを徹底的に考える

第5章

1人経営でもたくさん儲けることはできる

第6章

「仕組み」で時間を作り、再生産する

第7章

AIの力を得て飛躍する

第8章

1人経営の実例と、目指す姿を考える

第9章 自分らしい生き方を手に入れる

第1章

1人で経営できる時代に、大きくする必要はない

1

個の時代には「個人で完結」が強い

「**個の時代**」と呼ばれるように、今は個人が自分で考え、決断し、行動することが非常に大切な時代です。私もこの考えに大いに賛成ですし、本書でも「自分で決めて行動し、切り拓いていく」という姿勢を基本にお話しししていきます。

産業革命以降、多くの労働者を集めて仕事をしてもらい、資本家がその利益の一部を得るという仕組みが長らく続いてきました。今でも、人をたくさん雇って利益を集約する方法は一定の効果があります。しかし、人口構成の変化や通信手段の発達により、多くの人を集めたり、組織として動いたりすることが、以前ほど容易ではなくなってきました。さらに、ロボットやＡＩの進化、コロナ禍を契機としたテレワークの普及など、社会や仕事環境は大きく変わっています。

そうした変化の中で、一堂に集まって労働集約的に仕事をするよりも、個々人が主体的に仕事をし、稼いでいく流れが強まっているように感じます。副業を認める企業も増えており、独立・起業がしやすい時代にもなりました。

そうした中で、私が現時点で出している結論は、**「個の時代」においては、個人で完結させるほうがいい**ということです。組織に属したり組織を作ったりするメリットがすべて消えたわけではありません。しかし、個人で事業を行うメリットがこれまで以上に大きくなってきているのも事実です。

たとえば、個人で事業をやれば、まず時間の自由度が増します。多くの人と関わりながら仕事をすると、どうしても調整やコミュニケーションに多大な時間を要します。昨今はさまざまな連絡手段が増えた半面、やり取りの数も増え、気づかないうちにかなりの時間を割いている人は多いでしょう。また、人が増えれば感情の行き違いも起きやすくなり、余計なストレスを抱える可能性もあります。

その点、個人なら組織内の「不毛なやり取り」がなくなり、時間を有効に使うことができます。

さらに、めまぐるしく変化する世の中では、柔軟に方針を変えられることが大きな強みになります。多くの人を束ねた場合、一度決めた方針を変えるには時間や手間、人間関係上の調整が必要です。その結果、市場変化についていけず、業績に影響が出ることもあるでしょう。一方で個人であれば、すぐに軌道修正が可能です。これは今後、ますます重要なポイントになっていくはずです。

働き方の自由度も高まります。個人事業であれば、基本的に時間や場所の制約がほとんどありません。自分の都合に合わせてフレキシブルに動けるのは、組織にはない魅力です。

もちろん、人を雇って得られる「他人が稼いだ利益の一部を受け取る」というメリットは小さくなりますが、それを補って余りある魅力が、今の時代の「個人事業」にはあります。今はまだ「組織のほうが稼ぎやすい」と感じるかもしれませんが、将来的には「**1人でやるほうが大きく稼げる**」という時代が来るかもしれません。

こうした観点からも、「個の時代」に個人で仕事を完結させる意義は十分にあると考えます。もし現在組織に所属している方や、多数の人を使って事業を回している方がいれば、「個人でやるとしたらどうだろう?」と一度考えてみてください。技術の進歩や環境の変化により、以前よりも容易に挑戦できる可能性が高まっています。

考えるだけならタダです。ぜひ時間をつくって想像してみてください。

2

多様性の時代には「身軽」が一番

「個の時代」とともに、あるいはそれ以上に多く語られるようになったのが、「**多様性の時代**」というキーワードです。先日も外食をしていた際、近くのテーブルで「多様性の時代ですから」という言葉を耳にしました。この「多様性の時代」において、経営をどのように考えればよいのか、見ていきましょう。

多様性の時代とは、ジェンダーの問題であれば「性別で区別しない」、仕事の内容や働き方でも「どのようなスタイルであっても尊重する」という考え方が当たり前になっていくことを指しています。「こうでなければならない」という固定観念が薄れ、さまざまな形を受け入れようとする時代です。

かつての日本、特に昭和世代には「1つのことを続けることが大事で、辛くても我慢して頑張れば明るい未来が待っている」という価値観が強くありました。それは今でも一理ありますし、長く続けることで大きな成果を生むことも確かです。ただし、「みんなと同じ方向を向いて成果を出す」ことが必ずしも至上の価値ではなくなりつつあるのも事実です。多様性の時代では、「**自分が満足すればそれでOK**」という考え方がより認められるようになってきました。私はこれはとてもいいことだと思っています。

こうした時代背景を踏まえると、経営においても「大きな組織を作って成果を出す」だけが正解ではありません。「**1人でやるからこそ、自分なりの成果を出せる**」という可能性も高まっています。そもそも「成功」や「うまくいく」という言葉の定義自体が多様化しており、人によって求めるゴールが違って当たり前です。もちろん、人を多く雇用して大きな利益を狙うこともまだまだ有効ですが、**利益を追求するだけが経営の目的ではないはず**です。最終的に何を目指すかは自分自身が決めればよいのです。

さらに、「多様性の時代」は価値観や社会の流れがスピーディーに変化していきます。大きな組織を持つと、一度固めた方針や仕組みを変更するのが難しく、その時代の変化に合わせるのが大変になります。そこで大切になってくるのが、**「身軽であること」**です。硬直化した大きな組織は変化しづらく、ＡＩやロボットの技術が一気に進めば、１人で事業をするほうが有利になる可能性すらあります。必要な部分は機械に任せ、人はより創造的な部分に集中するといった形が、当たり前になるかもしれません。

つまり、これから先は**「身軽な経営」をしている人ほど柔軟に対応できる可能性が高い**のです。また、多様性の時代においては、人が同じ方針のもとでまとまることも難しくなるでしょう。必ずしも「組織を作れば安定する」という時代ではなくなっているのです。

そういう意味でも、「1人」という形態は大きなメリットになり得ます。この章では「個の時代」「多様性の時代」を踏まえながら、会社を大きくせず、1人で経営する意義をさらに深掘りしていきます。

3

会社を大きくするリスク

会社や組織を大きくしていくリスクを検討する前に、まずは「大きくしていくこと」のメリットについて考えてみましょう。

私自身、経営を続けてきたほか、他社の経営事例や投資を通じて多くの会社を見てきました。その経験から得た結論のひとつとして、会社を大きくすることには大きなメリットがあります。

たとえば、多くの人を雇い、設備投資を行うことで売上・利益が増え、それをさらに投資へ回して会社を拡大していく。これは会社経営の王道とも言える方法です。規模が拡大すれば売上や利益が増し、会社が潤沢になって、さらなる成長を目指せます。

また、規模を大きくして多くの顧客の問題解決に貢献し、雇用を創出することは、社会への大きな貢献にもなります。さらに、創業者としては会社を拡大し、株式を売却したり上場させたりすることで莫大な創業者利益を得る可能性があります。こういった成功ストーリーは多くの企業家にとって魅力的でしょう。

しかし、そこへ至るまでには数々の困難やリスクが伴うものです。たとえば、事業に失敗すれば大きな借金を抱えるリスクもないわけではありません。特に、会社を大きくしたあとには**「元に戻しづらい」**という問題があります。たとえば、収入が増えて生活水準が上がると、元の水準には戻りにくくなりますが、それと同様に、会社の規模を拡大すると人員や設備・オフィスなどにかかる固定費が増え、売上を減らすことが致命的になってしまうのです。

飲食業や製造業などでは、売上が増えるほど店舗や工場を拡張したり、多店舗展開を進めたりと、さらに投資が必要になります。場所を広げると当然家賃なども上がり、初期費用を借り入れで賄ううちに、利息負担から逃れられなくなるケースもあります。その結果、**「もっと売上を増やさないと維持できない」**というスパイラルが起こりがちです。

いったん規模を拡大してしまうと、その後に規模を縮小するのは簡単ではありません。ましてや人口減少社会の中で売上を伸ばし続けるのは簡単ではありません。リストラや撤退を余儀なくされることもあるでしょう。

以上のように、会社を大きくするにはそれ相応のリスクが伴います。したがってどの程度の規模で経営したいのか、将来どうしたいのかを慎重に検討する必要があります。まずは1人や少人数で小さく始め、手応えを得たうえで少しずつ拡大していくことが大切です。そうやってゆっくり進めば、突然のリスクに巻き込まれる可能性を減らせるでしょう。

4 人を雇うことのデメリット

前節で見たように、売上規模が大きくなるとスパイラル状に経費や負担も増えていき、規模縮小が難しくなるという問題があります。加えて、もっと直接的なデメリットとして、**「人を増やすこと」によってさまざまなトラブルが発生しやすくなる**点も見逃せません。

人が増えるほど、人間関係の数（ライン）は指数関数的に増えます。1人ならゼロだった関係が、2人なら1本、3人なら3本、4人なら6本、5人なら10本……という具合に、人数が増えるほど人間関係が複雑になり、トラブルの可能性も高まるのです。

たとえば、AさんはBさんと仲がいいがCさんとは合わない……といった例は日常的に起きることですし、従業員どうしの対立や、社長と部下の関係がうまくいかず疲弊してしまうケースも多くなります。**人を多く雇う以上、「全員がベストな人材」というわけにはいかない**ため、どうしても問題を引き起こす人が出てきてしまいます。横領などの重大な問題が起きるリスクも増すでしょう。

私のお客様でも、1人または少人数で経営している会社より、人が多い会社ほど人間関係のトラブルや退職・入れ替わりの相談が多い印象です。従業員が10人を超えたあたりから退職者が増えやすく、毎月誰かが入社し毎月誰かが辞める、といった不安定な状況に陥ることも珍しくありません。

家族経営でも、家族が深く関与すればそれだけ衝突や揉め事が生じることがあります。一方、家族はサポート程度にとどまり、経営の実務には関わらないという形であれば、安定して続くケースが多いようです。

人を雇って組織を動かすには、特別なスキルが必要だと思います。経営初心者であれば、まずは1人で事業を始めて基盤を固め、必要になって初めて人を加えていくほうがリスクは小さいでしょう。そもそも「人手をあまり要しないビジネス」を最初から選ぶのも賢い方法です。人を増やせば売上は伸びるという仕事もまだまだありますが、この時代には、人を必要とせずに売上や利益を拡大できる仕事が増えています。**AIやDX、ロボットなどのテクノロジーを駆使すれば、無理に人手を雇わなくても十分に事業を回せる可能性が高くなる**でしょう。

これからの時代は、「人を雇う」よりも、「自分とテクノロジーで何とかする」という発想が求められるのではないでしょうか。

5

1人で複数のビジネスができる時代

「人を必要とせず、1人で事業を経営していく」という考え方を進めると、**1つのビジネスが軌道に乗ったあと、さらに人を雇わずに別のビジネスも手がけることが可能**になります。もちろん、複数のビジネスを同時並行で進めるのは簡単ではありませんし、基本的には1つずつ丁寧に取り組むほうがうまくいくでしょう。しかし、**AIやロボット技術の発達**などによって、1人でもビジネスを立ち上げ、成長させていくハードルはどんどん下がっていると感じます。

私自身も大きな規模ではありませんが、税理士業、出版（執筆）業、馬主業（競走馬を所有し、レースに出走させるビジネス）、投資業など、いくつかのビジネスを1人で並行して行っています。私の周りにも、1人で複数の事業を軌道に乗せている方が何人かいます。特に士業（弁護士・司法書士など）は、セミナー開催やSNSを使った情報発信といった新たなビジネスを1人で立ち上げるケースも多いです。
もちろん、人を雇用したほうが効率よく稼げる場合もありますが、すべてを1人で完結している人もいます。業種を問わず、今後はそうした「1人で複数ビジネスを立ち上げる」動きがますます盛んになるはずです。AIなどの進化は我々の想像を超えるスピードで進んでおり、その恩恵を受ければ可能性は無限に広がっていくでしょう。

先入観にとらわれず、自分にはどのようなことができるのか、柔軟な発想で考えてみてください。**１人で複数のビジネスを運営することが当たり前になる未来**が、そう遠くないかもしれません。

6 手がかからない仕事は1人で十分

世の中には「手がかかる仕事」と「あまり手がかからない仕事」があります。手がかかる仕事は、たしかに人の手を借りたほうが効率的な場合が多いですが、手がかからない仕事を選べば、人を雇わなくても1人で完結しやすくなります。

ここでいう「手がかからない仕事」とは、人手を最小限にして、または機械や自動化ツールを活用して完結できる仕事のことです。近年、テクノロジーの進歩により、こうした仕事が増えてきました。

たとえば飲食店を例にとっても、タブレットやモバイルオーダーなどの導入で、注文や会計のプロセスが自動化・省力化されています。コンビニや売店でも自動レジが普及し始めており、「人が対応しなければならない」場面は着実に減りつつあります。また、事務仕事や製造業、建設業、各種サービス業においても、ＡＩやロボットの活用により、従来よりも格段に人手を減らすことが可能です。

私の税理士事務所でも、長年働いてくれているスタッフが１人いますが、近年は自動化に力を入れることで、私１人でも多くの業務を短時間でこなせるようになってきました。人を雇うことは悪いことではありませんが、若年層人口の減少や人手不足といった社会的背景を考えると、「**自動化の鬼になる**」くらいの意気込みで取り組むことが、今後は必要になるかもしれません。

特に、ＣｈａｔＧＰＴなどのＡＩが普及した今、お金をかけなくても効率化できる手段が増えています。「１人でやるために、最初から手がかからない仕事を選ぶ」、あるいは「**手がかかる仕事でも自動化・効率化に全力を注ぐ**」ことで、１人でも十分にビジネスを回せるようになるはずです。

7

ＡＩを活用したビジネスをやる

前節とも関連しますが、ＡＩやロボット、自動化ツールの進歩は目覚ましく、1人でビジネスを回すうえで非常に頼りになる存在です。特に２０２３年春頃から話題になった「ＣｈａｔＧＰＴ」は、多くの人にとってＡＩを身近にした大きなきっかけでしょう。

私もＣｈａｔＧＰＴを初めて使ったときは、その回答の質にとても驚きました。「ついにＡＩを気軽に使える時代が来た」と感じたのです。サブスクリプションに加入すれば、月額20ドル程度（日本円で３０００円前後）で高機能なＡＩチャットを利用できます。私自身、まだ十分に使いこなしているとは言えませんが、**いろいろな「悩み相談」や簡単な「情報収集・整理」をＣｈａｔＧＰＴに任せる**ことで、大幅に時間を短縮できています。

もちろんAIの回答には間違いもあり、最後の決断は人間がするというスタンスが必要です。それでも、ChatGPTは「こんなExcel表を作りたい」という漠然としたイメージを具体的な形にしてくれたり、株価や各種指標のデータを瞬時に表にしてくれたりと、想像以上に頼りになります。要望を丁寧に伝えれば学習してくれるため、使うほどに自分の最良のパートナーとして進化していく感覚があります。

今後はChatGPTだけでなく、さまざまなAIツールが私たちの仕事を助けてくれるでしょう。1人でビジネスをする際も、「AIを従業員に見立てる」くらいの気持ちで次々と業務を任せることができるようになれば、事業拡大も夢ではありません。「人を雇わなければできない」と考えるのは当たり前ではなくなりつつあるのです。

ぜひ、こうした観点から自分のビジネスを見つめ直してみてください。ＡＩやロボットなどをうまく活用すれば、１人でもやりたいことを形にできる時代がすでに始まっています。時間や労力を節約し、**自分だけができるクリエイティブな部分に集中できるようになれば、時間が生まれるだけでなく、人生の楽しさも格段に増すはず**です。

第 2 章

会社経営と「人生設計」を考える

1

まずは自分のことを大切に考える

ここからは、1人経営や1人会社と密接に関わる「**人生設計**」について深く考えていきます。その前にまず、概念的な話にはなりますが、「自分を大切にする」ということについて触れておきたいと思います。

最近特に強く感じるのは、**まずは「自分を大切にする」べきだ**ということです。暴飲暴食や睡眠不足などで自分の健康を害したり、無理をして働きすぎて体や心に不調をきたしたりしている人は、決して少なくありません。さらに、他人を攻撃したり誹謗中傷したりするのも、一見すると自分を守っているようで、実際には自分を追い込むことにつながりかねません。

私が思うに、**「自分を守るためには無理をしない」ことが大切**です。若いうちは体力があって多少の無理もききますが、年齢を重ねるにつれ、その無理が将来の健康に大きな影響を与えてしまう可能性があります。実際、近年は夏の猛暑で「熱中症アラート」が発令されるようになりましたが、警戒を無視して外出や運動を続けてしまい、思わぬトラブルに見舞われる人もいます。お酒やタバコ、ドラッグなど、健康を損ねる行為を分かっていながらやめられない場合も同様です。

こうした話は、一見すると「1人で経営する」「1人会社」とは無関係に見えるかもしれません。しかし、**1人経営や人生設計をきちんと実行していくためには、何よりも「健康」が大切**です。平均寿命が延びている今、引退年齢を過ぎても働き続けるという選択が現実味を帯びてきました。お金の悩みを解決するためにも「長く働く」ことがひとつの手段になりますが、それを可能にするのは健康であることにほかなりません。

まずは「自分を大切にし、健康を重視する」。そうすることで、1人で経営する土台が整います。結果として、幸せな人生をまっとうできる可能性が高まるはずです。

2 人生と経営は密接につながっている

「1人経営」「1人会社」を扱う本なのに、なぜ人生設計や健康の話が出てくるのか、不思議に思う方もいるでしょう。しかし、私の考えでは、人生と経営は切り離せないほど密接に結びついています。むしろ、**「経営は人生の一部」であり、いい人生を送るための要素のひとつとして「経営」がある**ととらえています。

そもそも、経営をするのは何のためでしょうか。多くの場合、「**よい人生を送るため**」ではないでしょうか。もちろん、「他人を幸せにすることで経営は成功する」という考え方もあります。たとえば従業員や取引先、あるいは顧客の幸せを追求すれば、その結果として利益が生まれ、経営がうまくいくという理屈です。ですが、それと同時に「**経営がうまくいけば、経営者自身も幸せになれる**」ことも大きなモチベーションになるはずです。

経営がうまくいかないと、資金繰りに苦労したり、借り入れの利息に追われたりして、人生そのものが厳しい状況に陥るかもしれません。家族や周囲の人に心配をかけることも増えてしまい、将来を悲観する可能性だってあります。逆に経営がうまくいっていれば、そうした不安は少なくなり、人生にとってプラスが多くなるでしょう。

さらに、別の意味でも人生と経営は重なり合っています。私自身は、「**人生そのものが経営である**」とさえ思っています。なぜなら、人生はますます長くなり、「人生100年時代」とも言われるようになりました。こうした長い人生をいかに運営（マネジメント）していくかは、非常に大切なテーマです。まったく計画を立てずに刹那的に生きるのもひとつのスタイルですが、多くの人にとっては、ある程度の計画を立てて日々実行していくほうが安心感も得られ、結果としてうまくいきやすいと考えられます。

また、お金の面でも、将来何らかの理由で働けなくなる可能性を考慮しておく必要があります。「お金持ちになる必要はなくても、最低限の備えはしておく」という発想です。それはまさに「人生経営計画」と呼べるものでしょう。

要するに、「経営をどうするか」を考えるうえで、「人生そのものをどう運営するか」という視点が欠かせないということです。人生設計があるからこそ、経営方針も見えてきますし、その経営がさらに人生を充実させてくれる、というわけです。こうした相互作用によって、1人経営も幸せな人生も、どちらも充実させることができるのです。

3

人生設計から、経営設計を行う

先ほども述べたように、私は「人生を経営する」ことが大切だと考えています。そして実際の経営設計は、まず「**人生経営計画**」を立てたうえで、その延長線上に位置づける形で行うほうがスムーズです。

繰り返しになりますが、「自分の人生が何より大切」であり、どのように生きたいかをはっきりさせ、その実現に向けて動くことが重要です。そこに必要なのが人生経営計画というわけです。人生経営計画とは、**自分がいつまで働き、いつまで生きるか、そして「お金をどう稼ぎ、どう使っていくか」**を決めていく計画のことです。

この計画を作成するにあたって、まず「**いつ仕事をやめるのか**」「**いつまで仕事を続けるのか**」を思い切って「勝手に決める」ことをおすすめします。もし会社に勤めているのであれば定年が決まっている場合もありますが、独立して経営をするなら自由です。最近流行りのＦＩＲＥ（早期リタイア）を目指すのもいいですし、「死ぬまで仕事をする」でも構いません。重要なのは、自分で期限を決めることです。

私個人は、「**仕事ができなくなるまでは仕事をして稼ぐ**」のが理想だと考えています。年金や投資の収入だけで暮らすというのもひとつの方法ですが、やはり自分でコントロールできる収入源があると安心です。もしそれほど多くの収入を必要としないなら、１人経営で十分まかなえる可能性が高いでしょう。

同時に、「**何歳まで生きるのか」も自分で勝手に決めてしまう**と、計画が立てやすくなります。たとえば「１２０歳まで生きたい」と決めたなら、それに見合う生活習慣や健康管理を実践する必要があるでしょう。逆に「90歳まで生きる」と設定したら、その計画に沿ったお金の使い方や働き方をすればよいのです。

「何歳まで生きる」と「何歳まで稼ぐ」を設定すれば、それが人生経営計画の土台になります。あとは、いつまでにいくら貯めるか、どのタイミングでいくら収入を確保するか、といった数値目標を盛り込んでいけば完成です。「人生計画」があって初めて、そこから逆算した「経営計画」を立てられるのです。仮に「早くリッチになりたい」と思えば、経営で大きく稼ぐ必要がありますし、そこまでお金を必要としないなら、無理に事業を拡大する必要はないかもしれません。

ぜひ、「**人生計画の中に、経営計画がある**」と考えてみましょう。

4 人生設計は「3つの資本」が大事

人生経営計画を立てる際、参考になる考え方をご紹介します。それは、橘玲氏の著書『シンプルで合理的な人生設計』（ダイヤモンド社）で示されている「3つの資本」です。

氏による3つの資本とは、

1. **社会資本**（人的ネットワーク）
2. **人的資本**（労働力・稼ぐ力）
3. **金融資本**（お金などの資本）

のことです。

これらの資本をバランスよく形成していくことが、「合理的で幸せかつ自由な人生」を送るための土台になるとされています。

社会資本とは、人的ネットワークのことで、私の解釈では、社会の中で助け、助けられるための、周りの人とのつながりのことです。人的資本とは、自分の労働力や稼ぐ力のことです。また、金融資本とはその名の通り、お金などの資本のことを指していると考えられます。**これらの3つの資本をなるべくバランスよく形成していくのが、合理的で幸せ、かつ自由な人生を送るために必要**だと橘さんは説いています。

多くの人は、これら3つの資本のうち何かが欠けている場合が多いでしょう。たとえば、お金はあるけど周囲に頼れる人がいないとか、逆に仲間は多いが金融資本が不足している、などです。私自身も周りの人には恵まれている反面、子どもの教育費などがかさみ、金融資本はまだまだ十分とは言えません。

ただ、すべてが完璧に整っている人はほとんどいないでしょうし、だからこそ3つの資本のバランスを意識しながら生きること自体が面白いのかもしれません。「どれを伸ばすか」「どうやって補うか」を考えるのが、人生の醍醐味とも言えます。

ここでのポイントは、「1人経営の基盤となる人生経営計画を立てるときも、この3つの資本を念頭に置く」ことです。

社会資本については、まず自分が周りに何を与えられるのかを考えましょう。**相手に何かをしてもらう前に、自分が相手にどのように貢献できるかが大切**です。それによって将来自分を助けてくれる人間関係が生まれ、ネットワークが広がります。

人的資本の面では、健康と能力を維持するためにどんな生活を送るかが重要になります。無理やり大変な努力をし続けるのではなく、**「自然に楽しく生きているうちに、能力が高まり健康を保てる」ようなライフスタイルを目指す**のがおすすめです。もちろん、暴飲暴食や睡眠不足、酒や煙草の摂取をしすぎることはいけません。欲望をうまくコントロールしながら楽しく生きていくことが大切です。

そして結果的に健康や能力を維持できて、将来の稼ぐ力や、自分らしく生きていける力が積み上がっていく状態を考えて計画を立ててみましょう。
金融資本に関しては、**今の収入を少しずつ投資に回して、将来利益を生む資産を築いていくことが基本**です。毎月・毎年、将来利益を生むものに投資していくことが大切です。大きな金額でなくても、継続すれば金融資本が積み上がっていくことは間違いないでしょう。

このように、3つの資本をバランスよく伸ばしながら、人生経営計画を組み立て、そこから導かれる形で経営計画を実行していくのです。うまくいけば、「充実した人生」と「満足度の高い経営」を同時に手に入れられるでしょう。

5 自分の人生のための経営をする

先ほどまでの流れで、1人経営の経営計画を立てるうえでは「3つの資本」を少しずつ積み上げる人生計画をまず考えることが重要だとお伝えしました。しかし、そのさらに前提として押さえておきたいのは、やはり「**自分の人生を第一に考える**」という姿勢です。

もちろん、他人への貢献や優しさは経営においても欠かせませんし、それなくしてはビジネス自体が成り立たないでしょう。けれども、自分がどう生きていきたいのかを最優先に考え、そのうえで他人に貢献する方法を見出していくことが大切だと私は考えます。

人生は長いようで短く、短いようで長い。日々を充実して過ごせば、とても長く感じられるでしょう。逆に、何も考えずに過ごしていると、いつの間にか時間だけが過ぎていたということにもなりかねません。

また、人生には予想外の出来事がつきものです。たとえ綿密な計画を立てても、その通りに進む可能性は決して高くないでしょう。それでもある程度は「どう生きるか」を考え、自分をコントロールしていかないと、将来的に大きなトラブルや後悔を招くリスクが高まります。

「**自分は何を求め、どうやって楽しく生きるか**」、そして「**どんな形で人に貢献するか**」。まずはこうした問いを持ち続けることが大切です。そこをベースに人生経営計画や経営計画を立て、それを実行に移すのです。

本書は経営の本ではありますが、まずは自分の人生こそが大前提であり、その次に経営やお金の稼ぎ方を考えるべきだということを改めて強調したいと思います。ぜひこれを機に、ご自身の生き方を一度振り返ってみてください。

6 人生をよくするための経営とは

「自分の人生をよくすることが大前提で、経営はそのあと」という考え方をお話ししましたが、それでは実際に、「人生をよくするための経営」とはどのようなものなのでしょうか。

大前提として、経営を通じて「3つの資本」――社会資本・人的資本・金融資本を増やし、人生を充実させるという視点が重要です。

◎社会資本（人的ネットワーク）

経営をすることで顧客や取引先、従業員など、さまざまな人とのつながりができます。これらの人間関係を大切にすれば、経営上もプラスになり、人生における「助け合いの輪」も広がります。ただし仕事関係ばかりに偏り、家族や近所付き合いをおろそかにするのは禁物です。バランスのとれた人付き合いが、結果として豊かな社会資本につながります。

◎人的資本（労働力・稼ぐ力）

経営を通じて必要なスキルや知識を身につければ、自然と自分の能力が磨かれます。たとえば、経営に欠かせない数字感覚や、体力・知力を鍛える習慣なども、長期的には稼ぎ続ける力に直結します。健康管理も重要で、日常的に体や頭を使うことで人的資本を高めていくことができます。

◎金融資本（お金・資産）

売上や利益を上げれば、経営者としての報酬や事業の蓄えを増やし、金融資本を強化できます。節税や投資などの選択肢も広がり、結果的に将来への安心感が得られるでしょう。

つまり、経営をしっかりと行うことによって、これら3つの資本をバランスよく増やしていけば、よりよい人生につながる可能性が高まります。ただし、そこには当然努力や自制、計画的な行動が求められます。安易に放漫経営をしてしまえば、せっかくの資本をどれも満たせず、逆に人生を苦しくする結果を招きかねません。

これから先の章でご紹介する1人経営のノウハウやスキルを取り入れながら、「人生をよくするための経営」をコツコツと実践していただきたいと思います。そうすることで、3つの資本を着実に積み上げ、人生の幸福度を高める道が開けてくるはずです。

7

人生設計は逆算で考える

まずは人生の設計を行い、その後に人生設計を実現するための経営計画を作ることが大切だとお話ししました。ここでは、その経営計画の大前提となる人生設計を具体的にどう行うかについて見ていきましょう。

人生設計のやり方に決まった形式はありません。紙に書き出してもいいですし、Ｅｘｃｅｌなどのソフトやスマホのアプリを活用しても構いません。それでは、どのように人生設計を進めればいいのか、ポイントを挙げてみます。

◎いつまで生きるか・いつまで仕事を続けるかを決める

これは「勝手に決めてしまう」ことをおすすめします。たとえば「90歳まで生きる」「１１０歳まで生きる」と設定し、そこから逆算すればいいのです。仕事を辞める年齢も自由に決めましょう。65歳でリタイアして以降は悠々自適に暮らすのも良し、80歳まで働くのも良し、死ぬまで働くと決めても構いません。計画通りに進むかどうかは分かりませんが、**まずは自分の希望を反映した設計にする**のがポイントです。

◎老後の生活費をイメージする

「老後」とは何歳からかも自由に決めて構いません。毎月の生活費や趣味・旅行などに使いたい費用を考え、**1年あたりに必要な金額**をおおまかに算出してみましょう。都会暮らしか田舎暮らしかで違いもありますが、あまり他人の基準は気にせず自分の感覚で決めれば問題ありません。たとえば、生活費は夫婦2人で月25万円（年間300万円）、旅行や趣味などで毎年50万円を使いたいなら、年間必要額は350万円ということになります。

◎年金の見込み額を把握する

「ねんきん定期便」や「ねんきんネット」を使えば、将来受け取れる年金の概算が分かります。年金は受給開始を繰り下げすれば、その分受給額が大きくなる制度もあります。たとえば65歳から70歳まで受給を5年間延期すれば、年金額が42％増えるというメリットがあります。

何歳から年金を受け取るかを考慮に入れたうえで、**生活費と年金額の差額**を確認しましょう。

◎不足する金額をどうカバーするか

たとえば、年間生活費が３５０万円で年金が２００万円なら、毎年１５０万円が不足します。多くの人は、この不足分をカバーするために貯蓄を用意するか、投資で補う方法を考えます。仮に65歳でリタイアして90歳まで生きるなら、１５０万円×25年＝３７５０万円が必要という計算になります。これはあくまで単純化した例ですが、この**「不足分×余生の年数」が必要貯蓄額**の目安です。

◎投資や複利の効果を活用する

預金だけではなく、配当を生む株式や投資信託に回せば、複利で資産を増やせるかもしれません。配当収入によって、元本を減らさずに生活費をまかなう方法もあります。NISA（少額投資非課税制度）などの制度を使えば配当の税金を抑えられるため、必要貯蓄額がさらに少なくて済む場合もあるでしょう。

以上はお金の話が中心でしたが、「何をして生きていくか」という視点も当然ながら重要です。まずはここで紹介したような形でお金の面の人生設計を行い、それに合わせて好きなことややりたいことをどう組み込むかを考えてみてください。

8

人生設計に基づく経営計画を作る

人生設計を通して、たとえばリタイア時点までに必要な金額の目安がつかめたら、次は経営を通じてどのように貯めていくかを考えましょう。

仕事を辞めるまでに十分な期間があれば、複利効果を活かしやすくなります。一方、残された時間が短い場合は、短期集中で大きめのキャッシュを生み出す必要があるかもしれません。

例として、40歳の方が65歳までの25年間をかけて3750万円を貯めるとします。単純計算では、年間150万円（月12万5千円）の貯蓄を確保すれば達成できます。投資運用を行えばより速く目標に到達する可能性もありますが、計画は保守的に組むのが安心です。

本書のテーマである1人経営をすでに行っている方であれば、「どうやって年150万円を残すか」から逆算しましょう。たとえば生活費や税金を考慮して、**年150万円を積み立てられるような役員給与（報酬）や利益設定を行う**わけです。

- 生活費450万円＋税金・社会保険等300万円（目安で年収の約33％）＋将来の積み立て150万円＝900万円の年収（役員給与）が必要
- 役員給与を900万円にするなら、経費も含めて合計2250万円の粗利が必要（役員給与4：経費4：利益2の割合で考える場合）
- 粗利率70％の業種なら、売上3214万円（≒2250÷0.7）が目標

これはあくまで一例ですが、こうした逆算の思考を身につけると、経営計画が立てやすくなります。実際には粗利が不足すれば経費を抑える、あるいは生活費を見直すなどの調整も必要になるでしょう。

また、年金をどう増やすか、投資でどう運用するかなど、ほかにも対策はあります。金融資本だけでなく、社会資本や人的資本をどのように伸ばすかも並行して考えるとよいでしょう。

1人経営の場合、仲間という意味での従業員はいませんが、顧客や取引先との関係をどのように構築していくか、健康を維持するにはどうするか、といった視点も大事です。最終的には、こうした要素をすべて含めて人生計画をベースにした経営計画を作ってみてください。

9 いい人生にならなければ意味がない

経営計画を作る理由は、将来お金に困らないようにするためだけではありません。1人経営をするからには、**あなた自身が思う「いい人生」を実現しなければ意味がない**のです。

では、「いい人生になるためのいい経営」とは何でしょうか。私は、経営によって健康を維持し、人とのつながりをよりよいものにし、さらにお金の不安から解放されることを指していると思います。ここでも、橘玲さんの示す「3つの資本」を参考にしましょう。

◎健康を保つ経営

「経営者は寝ても覚めても仕事のことを考えなければならない」というのは昭和型の古い経営観と割り切って考えましょう。もちろん簡単ではありませんが、ストレスを軽減し、過度な接待や暴飲暴食を控え、規則正しく仕事をこなすことで健康を維持しやすくなります。**体を壊してしまえば、どんなにお金を稼いでも意味がありません。**

◎良好な人間関係を築く経営

経営の中で取引先や顧客との関係は欠かせませんが、過度に依存したり癒着したりしないよう、適度な距離感を保つのが大切です。**取引先をほどよく分散しつつ、1人ひとりとある程度深く関係を築くことが理想**でしょう。無理なく、自然に続いていく関係を目指すことで、経営だけでなくプライベートも充実させやすくなります。

◎お金について心配しない経営

これができれば、精神的な余裕も増し、健康や人間関係にも好循環をもたらします。資金繰りや借金などに振り回されると心身が疲弊しますし、1人経営の場合は、当たり前ですがそれを自分がすべてやらなくてはならず大変です。そうなると、本来の「人の役に立つ」視点が見えにくくなるものです。**お金の不安を減らすような経営体制を整える**ことで、「いい人生」を送るための基盤が作れます。資金繰りやお金のことで悩むことがなく、経営で人の役に立つことを中心に考えることができたら、それはいい経営ということができるでしょう。

これら3つの要素を高めながら「いい経営」を実践し、それを「いい人生」へとつなげていきましょう。

次章以降では、1人経営の具体的なノウハウやスキルを掘り下げながら、健康・人間関係・お金に対する不安を減らし、充実した人生を実現する手がかりを紹介していきます。

第3章

誰でも
成功する！
1人会社の
作り方と
運営方法

1

会社経営の「仕組み」を決める

ここからは、1人経営・1人会社の具体的な作り方と運営方法を解説していきます。「自分にできるのだろうか」と不安に思われる方もいるかもしれませんが、仕組みづくりを意識すれば大丈夫です。1人会社や1人経営をうまく進めるうえでまず大切なのは、「仕組み」を整えることです。いい仕組みさえできれば、1人経営の成功の第一歩を踏み出したことになります。

1人会社・1人経営の仕組みとは、**「ある程度の売上が上がり、仕事をこなしながら顧客に貢献し、なおかつ利益がきちんと残る」ための仕組み**です。理想を言えば、放っておいても自然にこの状態が維持できれば最高ですが、そこに至るまでは時間もかかりますし、自動化や効率化を適宜取り入れながら、少ない手間でもビジネスが回る形を目指すべきでしょう。

今の時代に、人手をかけて苦労をし、朝早くから夜遅くまで仕事に自分を拘束して働く必要はないように感じます。もちろん、体を動かして働くとか、頭を使って仕事をこなしていくことは、人間的な生活を維持するとか健康のためにはとても大切なことですが、そこを前提にするのではなく、ある程度は自動化し、手がかからないようにしたとしても売上が立ち、利益が残るような仕組みを作ることがベターです。

１人経営の仕組みを考えるうえで、「まずお金の回し方を逆算で決める」という発想が重要です。第2章で人生設計を立てましたが、その計画に基づいて必要な利益額を導き出し、ビジネスの種類や粗利率を決めると、結果として必要な売上高が見えてきます。

たとえば、将来設計から逆算して年収（社長の給料）を1000万円確保したい場合、そこから必要な粗利を割り出し、さらに粗利率（たとえば70％）を考慮して必要な売上高を算出するのです。もし毎年3600万円（毎月300万円）の売上が必要だと分かれば、今度はどうすればその数字を達成できるか、単価×客数を検討するなどの具体的なプランに落とし込めます。

逆に、売上目標が高すぎると感じるなら、目標を下げるか、生活費や経費を見直して必要利益を減らすなど、柔軟に修正していくことも可能です。こうした「お金の回し方」と「なるべく手間をかけずに稼ぐ仕組み」を同時に考えながら、少しずつ計画をブラッシュアップしていきましょう。

もちろん、最初から完璧な仕組みは作れません。ですが、「仕組みづくり」を意識して経営を進めれば、時間が経つにつれて自分のビジネススタイルが確立し、無理なく「いい生き方」ができるようになるはずです。

2 個人事業にするか、法人を作るか

ではここから、具体的な1人経営・1人会社の作り方に入りましょう。

事業を始める際、よく聞かれるのが「個人事業にするか、法人を作るべきか」という質問です。私の結論は、**「どちらでも構わないが、可能なら法人を作ったほうが有利」**というものです。

たとえば私が行っている税理士業では、税理士が2人以上いれば「税理士法人」を作れますが、制約が多く、基本的には個人事業のスタイルを取ります（個人として別に会社を所有することは可能）。このように業種による制約がなければ、法人を作る選択肢を検討してみるといいでしょう。

法人を作るメリットは大きく分けて2つあります。

◎節税や補助金など、有利な制度を利用しやすい

個人事業の所得税は累進課税なので、利益が増えるほど高い税率を課されます。一方、法人税は一定の税率（低所得の場合は軽減税率あり）なので、**一定以上の利益が出ると法人のほうが税金を抑えられる**ケースが多いです。また、コロナ禍の「持続化給付金」のように、同じ条件でも個人は100万円、法人は200万円と支給額が異なる支援策があるなど、法人のほうが有利な場合があります。

◎公私混同を避けられる

個人事業では事業口座と個人の生活費が混同しがちで、「どれだけ利益が出ているか」を把握しにくくなることがあります。法人の場合、役員給与を設定してそこから報酬を受け取る形を取るので、**法人と個人のお金が切り分けやすい**のです。また、法人では役員給与を経費計上でき、個人側は「給与所得控除」を受けられるという**節税メリット**も得られます。

こうして法人の財務状況と個人の家計を分離できれば、事業の収支が明確にな

り、経営計画も立てやすくなるでしょう。

なお、法人を作るときの初期費用（設立登記や登録免許税などで20〜30万円ほど）がかかる点や、赤字でも一定の税金（地方税の均等割など）が発生する点はデメリットです。しかし、長期的に見れば、法人化によるメリットのほうが大きいと私は考えています。

また、法人になると、健康保険や厚生年金などの社会保険への加入が義務となり、事業主負担分を含めた保険料負担は増えますが、その分将来受け取れる年金受給額が厚くなるなど、**備えが手厚くなる**というメリットもあります。

以上のように、特別な制約がない限りは、法人を作って1人経営を行うほうがおすすめです。ここからは、法人（1人会社）をベースにした経営方法を中心にご紹介します。

3

極力「自動化」をして手をかけない

1人経営において、「どのように仕事を進めていくか」は大きなテーマです。ここでは、仕事をなるべく自動化するという考え方を取り上げます。

かつては「どれだけ手間と時間をかけて丁寧に仕事をするか」が重視される時代もありました。しかし、産業革命以降の機械化に加え、現在はＡＩやロボット技術の進歩によって人間が行う作業を減らす手段が格段に増えています。その一方で、情報過多の時代にあって新たなタスクが増え、仕事に追われ続けるという現実も多くの人が経験しているところです。

それでも、人間は仕事だけが人生ではありませんし、情報処理ばかりしていては心身が疲弊してしまいます。1日中スマホやパソコンの前から離れられず、単純作業に追われる日々であれば、健康面や精神面に支障をきたすことも考えられます。そうならないためにも、使える技術は積極的に取り入れ、仕事の時間を減らしたり手間を省いたりする工夫をするのは、とても有効な手段です。

最近では、RPA（ロボティック・プロセス・オートメーション。ソフトウェアに単純作業を代行させる技術）のツールやAI技術がめざましく進歩しており、こうしたソフトウェアを導入することで大幅な省力化が可能になっています。特にChatGPTなどのAIを使えば、表作成のサポートから情報収集、問題解決のヒント提供まで、幅広いタスクを代行してもらえます。

また、スマホもここ数年で大きく進化し、YouTubeやSNSを通じて仕事の省力化・自動化のノウハウを得ることも非常に簡単になりました。昭和世代の方は、新しい技術に抵抗を持つ場合もあるかもしれませんが（私もそのうちの1人です）、一度使ってみれば便利さに驚くことは少なくありません。ぜひ積極的に調べてみて、取り入れてみましょう。

もちろん、「好きで時間をかけている」仕事ならば、無理に自動化する必要はありません。充実感や喜びを得られる作業なら、それを楽しむことも大切です。しかし、「本当は早く終わらせて別のことに時間を使いたい」と感じているなら、ぜひとも自動化や省力化について検討してみましょう。それだけで人生の幸福度が大きく変わる可能性があります。

4 失敗しない経営計画の立て方

ここからは再び経営計画に話を戻しましょう。今回は、「失敗しない経営計画をどう立てるか」というテーマです。

失敗すること自体は決して悪いわけではなく、後の成功への布石にもなります。ただ、もし避けられる失敗なら避けられたほうがいいですよね。そこで、ここでは「経営計画の基礎」として、どのようにプランを立てればいいかを解説します。

◎〝型〟を決めて逆算する

「とにかく売上を上げる」「できる限り利益を伸ばす」という考え方もありますが、私はまず〝型〟を決めて逆算するやり方をおすすめしています。上場企業では、年度ごとや中期（3～5年単位）の経営計画を策定して公表していますが、1人経営の場合は**「自分が死ぬまでの一生」を見据えた計画**を立てることを提案します。

◎家計の経営計画もセットで考える

1人経営をする際は、「会社・事業の計画」と「家計（生活費）の計画」を連動させる必要があります。すでに第2章でも触れましたが、「いつまで生きるのか」「いつまで働くのか」を決め、そのうえで仕事引退までに必要な貯蓄額を算出する方法です。その金額を逆算して、現在からどのように稼いでいくかを具体化すると、失敗しにくい経営計画が作りやすくなります。

◎具体的な〝型〟の例

本書で推奨している一例としては、**粗利（売上-原価）の配分を「役員給与4：経費4：利益2」に設定**し、さらに**役員給与の使い道を「生活費1：税金等1：将来投資1」**という具合に分けて考えます。

たとえば、

・「将来への投資」には、子どもの教育費やローン返済、老後資金なども含む
・税金等は概算で役員給与の3分の1、あるいは経営環境によって調整する

といった形です。

具体例として、年間150万円ずつ貯蓄したい場合を考えると、生活費150万円・税金等150万円・将来投資150万円で合計450万円の役員給与が必要に思えます。しかし、家族がいる場合、生活費150万円（年間）では現実的に足りないかもしれません。たとえば月25万円（年間300万円）を生活費に設定し、将来投資を150万円、合わせて450万円にするなら、税金等は225万円になるため、役員給与は675万円という計算になります。

次に、役員給与675万円で「4：4：2」の粗利配分を考えると、経費も675万円、利益は337万5千万円。合計で1687万5千円の粗利を得る必要があるわけです。粗利率が75%なら、必要な売上高は2250万円ほど。ここ

まで計算すると、**「じゃあどのように3000万円を売り上げるか」**という具体的な目標が見えてきます。

もちろん、こうした計画は最初から完璧に作るのは難しく、実際の経営状況に応じて常に修正が必要です。年ごとに売上や利益が増えていくことを前提にするのもいいですし、投資による複利効果を前提に、貯蓄ペースを下げる計画を組むのもひとつの手段です。

要は、**「こういう型で計算し、計画を見直しながら進める」という姿勢が重要**なのです。そうすれば、自分の人生や家族の状況に合った経営計画を作りやすくなり、大きな失敗を減らすことにもつながります。

5 手をかけず、売上を増やしていく

前節では、家計と連動する経営計画を立てることの重要性をお伝えしました。ここからは、「売上をどう増やすか」について考えてみましょう。

1人経営とはいえ、売上がなければ事業は継続できません。しかし、売上を増やすためだけに労力や時間をかけ続けるやり方では、経営全体や人生全体のバランスが崩れてしまいます。そこで大切になるのが、「なるべく手をかけずに売上を増やす」仕組みづくりです。

そこで、自動化しやすい仕事や、あまり手間をかけなくても売上が伸びるビジネスモデルを選ぶのは有効な方法です。また、売上や顧客数が増えても人手や作業時間が比例して増えないように、単価を上げていける仕組みを考えることも重

要です。

たとえば、コンサルタント業の場合、売上が増えればその分「コンサル を行う時間」が増えるリスクがあるものの、それと同時に仕事の価値を上げるなどして単価を上げていけば、必要な売上を確保するための時間を増やすことなく売上を増加させていくことが可能になります。そのように単価を上げていける事業の設計も必要となるでしょう。

「売上が伸びても作業量が大幅に増えない」ビジネスモデルにしておけば、1人経営でも無理なく続けられます。さらに、自動化を組み合わせれば、作業量や対応の手間を抑えつつ売上を伸ばしていくことが可能です。最初にビジネスを始める段階で、自動化や効率化がしやすい仕事を優先的に選ぶのもひとつの戦略なのです。

6 1人会社で大事なのは「利益率」

前節で述べたように、手をかけずに売上を増やすことは大切ですが、最終的にはどれだけ利益が出せるかが重要です。よく「年商○億円」といった表現で規模をアピールする人もいますが、実際に利益が残らなければ意味がありません。

1人会社では特に、「利益率」を高めることがカギとなります。利益率にはいくつかの段階がありますが、最初に注目したいのは**粗利率**で、**売上に対する粗利（売上－原価）の率**です。たとえば小売や製造業の粗利率は20～30％程度、不動産業は40～50％、サービス業だと50～70％という目安があります（中小企業庁「令和2年 中小企業実態基本調査」より）。

1人経営では、粗利率が高い業種を選ぶほうが効率的に利益を残しやすくなります。もちろん、規模を大きくして絶対額の利益を追求する方法もありますが、**人手を増やさずに済む範囲で高い粗利率を確保できるビジネスを選ぶ**ことが、1人経営を続けるうえでは適切です。

さらに、最終的に残る利益をどう増やすかがポイントです。本書で推奨している粗利を「役員給与4：経費4：利益2」で分配する型を例にすると、売上3000万円、粗利率50％で粗利1500万円の場合、役員給与600万円、経費600万円、利益300万円という形になります。税引前純利益は300万円（売上の10％）で、上場企業でもまずまずとされる水準です。

ただ、これはあくまで目安です。たとえば、経費をさらに抑え、同じ粗利を「**5：3：2**」のように分配すれば、役員給与を増やして個人として使えるお金を増やすことも可能です（経費を450万円に抑え、役員給与700万円にする）。各自の事情や目標に合わせて計画をアレンジし、「なるべく高い利益率を目指す」という意識を持ちましょう。

1人経営では、利益率が上がれば役員給与にも還元でき、将来の投資に回せる金額も増やせます。ここでご紹介したように、「**どのような業種・仕組み・経費構造にするか**」を意識して、最適な利益率を追求していってください。

7 不測の事態への備え方

人生全体や家計から逆算して経営計画を立てても、トラブルや不測の事態は必ず起こります。むしろ、経営をしている以上、ほとんどの出来事が「想定外」と言ってもいいかもしれません。世の中の動きや未来が完全に予測できる人などいないからこそ、人生は面白いとも言えます。しかしながら、何の備えもない状態で不測の事態に見舞われると、悲惨な結果を招く恐れがあります。

それを回避するために、あらかじめ備えておくことが大切です。とはいえ、すべてのトラブルに万全の準備をするのは不可能。私は、「一発アウトになりかねない大きなリスクから優先して備える」という考え方をしています。

たとえば超巨大隕石の衝突や富士山の大噴火など、対策がほとんど不可能なものを除けば、地震対策などある程度の被害想定ができるリスクにはできる限り準備をしておくべきです。想定外の事態が起こることもありますが、それでもやれる準備はやっておくほうがよいでしょう。

経営においては、たとえば「売上が突然半減した」「支払資金が足りなくなりそう」といった場面を想定し、保守的な計画を立てておくことが重要です。**売上は低め、経費は高めに見積もり、それでも十分に回せるような設定にしておけば、実際には余裕を持って経営できる**でしょう。また、予想以上に状況が悪化したときは、パニックを起こさずに計画を立て直し、冷静に対応していくしかありません。

何が起きても慌てずに「次にどう動くか」を考え、行動できるかどうかが、経営者としての真価に関わる部分だと思います。

8

30年は続く会社の経営を目指す

「100年続く企業」が話題になったりしますが、そこまでいかなくても30年続く会社を目標にするのは、1人経営においてもひとつの理想ではないでしょうか。30年というのは一世代にも相当し、たとえば30歳から始めれば60歳まで、45歳からなら75歳までになります。

その間には当然、いろいろなことが起こります。うまくいくときもあれば失敗することもあるでしょう。私自身も20年以上経営をしていますが、さまざまな経験を通して感じるのは、次の2点を押さえておけば長期的な経営を続けられる可能性が高まる、ということです。

①どんなことでも長期的な視点で考える

これは経営だけでなく人生全般に言えることです。私たちはつい短期的な快楽や成果を求めがちですが、たとえば健康管理をないがしろにすれば、後々大きなツケを払うことになるかもしれません。

また、「短期的に大きく成功してFIREする」という発想もありますが、実際にそれだけの成功を収めた人が、本当に完全リタイアして遊んで暮らすケースは少ないと感じます。むしろ、**余裕を持ちながら半分働き、半分遊ぶような生き方をするほうが、結果的に幸せに近い**という考え方もあるでしょう。いずれにせよ、30年は続けられる仕事や経営スタイルを前提に、長い目で見て楽しく取り組むほうが賢明です。

②他人と比べない

このことは、特にSNSが当たり前になった今の時代には非常に大切です。SNSに投稿される情報は上澄みの部分、言い換えれば「自慢話」が多い傾向がありあます。そこばかりを見てしまうと、自分が劣っているように感じてしまいがちです。しかし、他人には他人の事情があり、華やかに見えるのはごく一部の瞬間かもしれません。

友人や周囲の人と自分を比べるのも同様で、人それぞれ得意分野も好きなことも違うのだから、比較に終わりはありません。何も考えないとどうしても他人本位に流されてしまうのが今の社会です。だからこそ、**「自分が本当にやりたいこと」「自分のペース」をしっかり持ち、自分だけの道を作っていく**必要があります。

これら2つのポイントを意識し、長期的視点で他人に惑わされず1人経営を続けていけば、30年続く会社を作ることは十分に可能です。派手にたくさん人を雇い、売上を増大させて、目立つようなことをするといったことは、短期的思考であり、虚栄心に思えます。むしろ、**地道にコツコツとマイペースで続けるほうが、結果として長寿の経営になりやすい**ことを念頭に置いておきたいものです。

第 4 章

時間とお金のリソースを徹底的に考える

1

1人経営で一番大切なのは「時間」

ここからは、1人経営の重要なリソース（資源）について深掘りしていきます。1人経営では当然、「時間」「お金」そして「情報」が大切になるでしょう。もちろん、「他人（仲間）」も重要ですが、1人で経営を回す場合は、その要素はやや薄れます。人生においても経営においても、まずは「時間」と「お金」の使い方を徹底的に検討してみましょう。

私が人生で最も大切だと考えるのは、まず「時間」です。言うまでもなく、人生そのものが時間で構成されているので、時間を大切にしないことは、人生を大切にしないことに等しいと考えています。

そして、時間は増やすことも貯めておくこともできない資源です。複利で増やしたり、利息がつくわけでもありません。「取り返しのつかない」性質を持つからこそ、何よりも大事にしなければならないのです。

では、この「時間」と「1人経営」は、どのように関わってくるのでしょうか。**1人経営では、自分がやらなければならない仕事を代わりにやってくれる人がいません。つまり、経営を続けるうえで自分の時間の使い方が非常に重要になります**。加えて、私が提唱している「なるべく長く仕事を続けて稼ぐ」というスタンスを考えると、人生はあっという間に過ぎ去るものですから、時間を無駄にできないというのはなおさらです。

そこで、時間を大切にするとは具体的にどういうことか。

私は、「**今、この瞬間を全力で生きる**」ことだと思っています。時間そのものを増やすことはできませんが、健康寿命を伸ばす、つまり健康に生きる期間を延ばすことは可能です。十分な睡眠をとり、暴飲暴食を控え、適度に運動する——

こうした習慣が健康を維持し、結果として仕事を続けられる期間を長くするものです。

私の好きなスポーツの世界でも、「一日一日、一戦一戦を大事にする」という言葉を耳にしますが、それはまさに時間を大切にし、目の前の課題に集中する姿勢の表れではないでしょうか。1人経営においても、**毎日の課題に真剣に向き合い、少しずつ前進していくことが「時間を生かす」ということ**だと考えています。

2 まずは自分の時間を確保する

「時間の大切さ」を踏まえたうえで、1人経営においてどのように時間を活用すればよいのかを考えてみましょう。

結論から言えば、「まずは自分の時間を確保する」ことが最も重要です。1人経営では、自分が創造し、決断し、行動しないとビジネスが成り立ちません。周囲にサポートを頼める状況も限られているため、**自分の時間を持てなければ、何も生み出せない**状態に陥ってしまいます。

よくありがちなのが、他人や外部の仕事に時間を取られすぎて、肝心の自分の時間が残らないケースです。もちろん、他人に貢献することで売上が上がったり、ビジネスが回ったりする面はありますが、自分の時間をまったく持てない状態では、経営そのものが破綻してしまいかねません。
とにかく、**「自分だけの時間」を確保することを最優先**に心がけてください。

ここ数年はコロナの影響もあり、オンライン化・リモート化が進んだことで、移動時間や対面でのミーティングなどが減り、自分の時間を確保しやすくなりました。人とのつながりが大切なのは言うまでもありませんが、1人で仕事をする時間を多めに取るよう工夫すると、経営の管理や創造的な作業に集中しやすくなります。

私の場合は、**週の半分以上は外出を控え、1人で作業できる時間を確保**するようにしています。そうすると、仕事の効率が格段に上がるだけでなく、これからの人生計画を立て直す時間も生まれます。過去を振り返って後悔しないために、または今後やりたいこと・やるべきことを明確化するために、定期的に計画を見直すことが私の習慣です。

1人経営でも同じです。理想の経営計画を立て、それを実行するうえでは、まず何より**計画を練る時間**が必要になります。計画に基づいて行動した結果を再評価し、さらに改良を加えて……という**PDCAサイクル（計画［Plan］↓実行［Do］↓検証［Check］↓改善［Action］）の要は、「自分だけの時間」があるかどうかにかかっている**といっても過言ではありません。

繰り返しになりますが、「まずは自分の時間を確保する」こと。今の仕事や生活のスケジュールを一度見直し、どうすれば自分1人の時間を増やせるかを考えてみてください。それが、1人経営を長く続けるための大切な第一歩になるはずです。

3 なるべく1つのことに集中する

1人経営では、自分の時間を確保することが何より大切ですが、同時に「なるべく1つのことに集中する」ことも大事なポイントです。

私自身、元々は1つのことに集中しづらい性格で、仕事でも趣味でもあれこれ手を出してきました。結果として、散漫になりがちで、なかなか大きな成果を得られなかった面はあります。そうしたやり方も私としては納得して行っている部分があるため、受け入れているのですが、**「できれば1つのことに集中し、全力で取り組む」ことが理想**であるのは間違いありません。

私自身の仕事においては、税理士業がほとんどを占め、あとはこのような執筆や、ごくたまに行う講演くらいのものです。仕事上の会食などは、ほとんどありません。ですので仕事上は、税理士業1つにほぼ集中することはできています。ただ、仕事以外で行っていること（スポーツ関係）がたくさんあり、それに時間をかなり取られています（取られるというよりは、意識的に取っているのですが）。

いずれにせよ、**1人経営において1つの分野や事業にエネルギーを集約すると、効率化・省力化が進み、余分な時間や労力を割かずに済む**ようになります。その時間をさらにその分野を磨くことに使えば、仕事の質が高まるだけでなく、売上や利益も伸びやすくなるでしょう。まさに好循環が生まれるわけです。

逆に、多くの分野に手を出してしまうと、どれも中途半端になりがちです。もちろん、「何でもやってみたい」というタイプの人もいますし、それが人生を豊かにする面もあります。ただ、「集中したい」という気持ちがあるのであれば、改めて「まずは1つのことに集中する」姿勢を持ってみるのはおすすめです。

4 うまくいったら次に進む

「1つのことに集中してうまくいく」という状態を作れたら、次に考えるのはその事業をより磨くと同時に、「周辺事業」を少しずつ広げていくことです。まだ1つ目の事業がうまくいっていないうちに新しい事業に手を出しても、成果は期待しづらいでしょう。**まずは1つの事業を軸として成功させ、そこから関連するビジネスに展開していく**ほうが、はるかに効率的です。

たとえば、飲食店を成功させたら、その延長線上で食材の通販を始めたり、店舗での実績をオンライン販売に応用したりと、いろいろな展開が考えられます。こうした「周辺事業」は、すでに身につけたノウハウや信頼関係を活かしやすいため、成功率も高くなるでしょう。

私も、1人税理士業である程度の収入に達したとき、「書籍執筆」などの周辺活動に広げていくというやり方を選びました。これも、「まず1つ目の事業を軌道に乗せる」というセオリーがあったからこそ、スムーズに実行できたと思っています。

さらに、1つ目の事業が軌道に乗れば、慣れやAIなどのテクノロジーを活用して、その事業にかける時間を短縮できるはずです。すると空いた時間を使って次の周辺事業を進めることができます。その周辺事業もまた効率化によって時間を減らせるようになったら、さらに別の新しい事業を追加する。こうして少しずつ事業領域を拡大すれば、リスク分散にもなるうえ、複数の収益源を確保していけます。

大切なのは、「**順序を誤らない**」ことです。いきなりまったく異なるジャンルの新事業に飛びつくのではなく、既存の事業とシナジー（相乗効果）がある分野を見極める。そのうえで、効率化・省力化を徹底し、時間を捻出して着手していけば、大きな失敗を避けながら少しずつ規模を広げられるでしょう。

何より、世の中の流れは加速度的に変わっています。どんなにうまくいっている事業も、いつまでも安泰とは限りません。うまくいかなくなったときに、ある程度のことをカバーできるための事業があったほうがいいですし、それを行っていく時間や今の事業をリカバーしていくための時間も必要です。そのため、効率化によって時間を短縮していくことができる事業を行い、実際に時間を短縮し、その周辺事業を行っていく。そしてその事業も効率化によってさらに時間を短縮させていく。そのように繰り返していくことで、**周辺事業を並行して育てておく**ことが将来のリスクヘッジにもなるのです。

5

経営者の時間を〝拡張〟する方法

経営者が持つ時間は本当に貴重で価値あるものですが、実は、経営者の時間を「拡張」する方法はいくつか存在します。それを実践することで、自分の時間を増やし、新しい関連事業に挑戦したり、仕事以外の時間を確保して心身のメンテナンスに注力したりできるようになります。健康寿命を伸ばし、長く仕事を続けられることも「時間の拡張」の一環です。

経営者の時間を拡張する方法の1つ目は、通常の会社なら「人を雇って仕事を委任する」という手になります。とはいえ、1人経営の場合はそれは避けたいところです。もちろん、協力会社や外注先を利用するケースもあるでしょうが、「なるべく1人で進める」ことを原則とすると、大事になるのが**AIなどの活用**です。

現在、ＣｈａｔＧＰＴをはじめとする生成ＡＩの進歩はめざましく、昨日は解決できなかった課題も今日ＡＩに頼むと解決してしまう、といったことを私自身何度か経験しています。とにかく、**1つ1つのタスクをどう効率化し、作業時間を短縮するかを意識しながら仕事をすれば、結果的に「経営者自身が使える時間」が増える**のです。余った時間で新たなビジネスに挑戦したり、趣味や運動に時間を割いて健康を維持するなど、自分にとって大切なことに回せるようになります。したがって今後は、時間を「拡張」したい経営者にとって、ＡＩの活用は不可欠といえるでしょう。

もう1つは、「経営者の手間がなるべくかからない仕事を選ぶ」という考え方です。すでに特定の業態を選んでいる人は難しいかもしれませんが、**業態変換や仕組みの再構築によって、時間を拡張する**余地はあります。

実際、時間や場所を拘束される仕事より、場所やスケジュールを選ばなくてもできる仕事を選んだほうが、自分の時間をコントロールしやすくなります。いつでもどこでも仕事ができるスタイルは、一歩間違えれば逆にストレスになる面もありますが、上手に運用すれば心身の健康につながるはずです。

このように、経営者の時間を拡張しながら、人生をより楽しく充実させることこそ、1人経営の大きな魅力といえるのです。

6

お金はアテにしない、期待しない

ここまでは「時間」にフォーカスしてきましたが、この後半では「お金」について考えます。とはいえ、時間と違ってお金は意外と何とかなることが多いものですし、私個人の感覚としては「お金は大事だけど、ただの数字・記号」くらいに考えています。ぜひ、あまり深刻になりすぎず、気楽に取り組んでいきましょう。

私自身、税理士としてお客様のお金の問題に向き合い、自分の資金計画も熱心に立ててきました。その結果、「**お金はアテにならない。期待しすぎないほうがいい**」という結論に至っています。

なぜなら、思い通りにお金を稼いだり貯めたりできる人は意外と少ないからです。稼ぎが大きい人ほど、それだけ使う金額も増えがち。見せかけはお金持ちでも、実はすっからかんという例は珍しくありません。逆に、あまり稼ぎが多くない人のほうが、収入に見合った支出を心がけていれば意外とお金が貯まりやすい。お金をあまり使わない人のほうが、結果としてお金を抱えがちになるという矛盾もあります。

つまり、**「お金が欲しい！」と強く願っていると、かえって貯まらないことが多い**わけです。そこで、「お金はアテにしない、期待しない」くらいの心構えでいるのが、1人経営においてもちょうどいいと考えます。

また、経営はいつ何が起こるかわかりません。右肩上がりの成長を想定していても、急に売上が減るかもしれないし、予想外の損害賠償を負う可能性もあります。そんなとき、お金に過度な期待をしていると、精神的にも大きなダメージを受けるでしょう。売上計画は少なめに、経費は多めにという保守的な見積もりが無難です。

もう1つ大切なのは、「**欲をできるだけなくす**」こと。経営者になると、会社勤めの頃よりも高収入になる可能性はありますが、そのお金をすべて使い果たしていては将来が不安です。今と未来の半々くらいの感覚で稼いでいると考え、見合った生活水準を保つことをおすすめします。夜ごと高級店に通う、異性関係に散財する、高級品ばかり買う——そんな贅沢をすると、あっという間にお金はなくなるでしょう。少し謙虚になり、欲望に流されずに行動することが大切です。

そもそも、役員給与として自分に渡せる金額は、売上や利益から税金・将来への投資分を除いたごく一部です。自分の欲望のために使うことができるのは、稼ぎに見合ったほんの数%だけです。「**消費に使えるのは、実は稼ぎのほんの一部分**」という感覚を持っていれば、ある程度の抑制も効くはずです。

ぜひ、お金は過度に頼らず、期待しすぎず、淡々と準備と計画を続けながら、安定した1人経営を目指していきましょう。

7 お金は「最低限」を意識する

前節の続きになりますが、お金に関しては「最低限」を考えることが大切です。いわば、**最低限確保すべき金額や生活費の目安を決めておき、それを前提に経営計画を組む**という考え方です。

たとえば、70歳で仕事を引退し、100歳までの30年間を見据えたとき、夫婦で最低限300万円あれば1年間何とかやっていける、という設定をするかもしれません。そこで、仮に年金で200万円賄えるなら、残り100万円を補うためには仕事引退時に3000万円程度の貯蓄が必要……などといった逆算ができるわけです（第3章で紹介したプランと同様）。あるいは、2000万円の株式があれば毎年100万円の配当が入ってくるから大丈夫とか、2500万円あれば毎年

4％ずつ取り崩していっても残高は減らない予定だから2500万円でいいとか、そのように「自分なりの最低限」を考えていきます。

もし年金だけで生活できるのなら、貯蓄も不要で、稼いだ分は使い切っても構わないかもしれません。代わりに社会保険料をきちんと支払うなどの義務をこなす必要はありますが、その選択肢を取るなら、役員給与の中から社会保険をまかなうなど、計画に組み入れればいいのです。


現在の生活費も、まずは「**最低限いくらあれば暮らせるか**」を意識してみましょう。たとえば、月30万円（年360万円）でやっていくと決めるのか、月20万円（年240万円）で生きていけるのか。そこに税金や将来投資も加味して役員給与を設定すれば、自分にとっての最低限必要な売上・粗利が見えてきます。

たとえば毎月30万円あれば家族で生活できる、というのであれば、年間360万円必要、だから税金・社会保険料等360万円、将来への投資360万円ということになり、役員給与が1080万円必要となります。そうなると粗利が2700万円（1080万円÷0・4）必要で、原価率が分かれば売上がいくら必要であるかということも計算できるでしょう。

いや、そんなに稼げない、ということであれば、必要な生活費を240万円（月20万円）などに圧縮して右記の計算を行えば、必要粗利は1800万円になります。

これくらいなら生きていける、これくらいなら稼げるといった数字が、「最低限の数字」です。1人経営では、まずはこの最低限を死守し、それが見込みづらければ別の道を探す――そんな柔軟性を持つことがポイントです。結果的にもっと稼げるようになればそれはラッキーですが、決して大きな夢を追わないことも「1人経営を選んだスタンス」でもあります。

巨大企業を作って上場を目指すタイプの経営者とは異なり、「**1人でそこそこ稼いで、最低限の暮らしを確保し、もし多く稼げればそれはそれでラッキー**」くらいの気持ちが、1人経営にはちょうどいいのです。そう考えることで、予想外の変化が起こっても大きく揺らがずに済むでしょう。

8
粗利の「分配」を考える

第3章で紹介したように、粗利（売上－原価）を「役員給与4：経費4：利益2」に分配するという型は、1人経営の目安として有効なモデルです。ただし、経営を続けていると、そのバランスは少なからず崩れていくもの。定期的に分配がうまくいっているかを点検し、必要があれば修正していきましょう。

たとえば、売上3000万円・原価1000万円で粗利が2000万円の場合、役員給与は800万円（2000万円×0・4）が目安となります。役員給与は会社設立後の決算期から2か月以内に設定し、毎月一定額を支払えば法人税法上も問題ありません。たとえば3月決算なら5月末までに役員給与を決め、6月から月66万円程度を支給するというイメージです。

一方、経費は固定費や変動費に分かれ、無意識のうちに増えてしまう傾向があります。固定費（家賃・リース代・通信費など）は特に減らしにくいので、はじめから抑え気味に設定しておくのが賢明です。家賃の高いオフィスを一度借りてしまうと、生活レベルを上げるのと同じでダウングレードが難しくなります。もし家賃が高くて負担が大きく、経費全体が粗利の40％を超えてしまう場合は、家賃を下げることを検討しましょう。

家賃以外の主な金額の張る固定費も、減らせるものは減らしていきます。通信費・旅費交通費なども、アフターコロナで人と直接会わなくても仕事が進むようになっていることもあって、なるべくなら減らしていきたいところです。たとえば月2回ミーティングで遠方に行かなければいけないもののうち、1回はオンラインで済ませるなどの工夫をしつつ、固定費やかかる経費を減らしていきましょう。

交際費なども減らせるものです。多くの経営者を見ていても、交際費をたくさん消費される方と、まったく使わない方の両極端に分かれます。私などはほとんど交際費を使わないため、ほぼ毎日高額な交際費を使っている方の思いが理解できないこともあります。仕事の維持のためにどうしても必要な面はあるかもしれないですが、健康にもかかわりますし、たくさん使っている方は減額を意識したいものです。

また、売上を増やすか、原価を下げて粗利率を上げることで、粗利そのものを増やす方法もあります。システム系のコストをＡＩや簡易ツールで代替できるなら、原価（もしくは経費）を削減して、利益率を向上できるかもしれません。

私のいる税理士業界でも、システム系の会社の競争が激しく、多数の税理士を積極的に取り込もうと動いています。しかし、そのシステムでできることが、少し工夫すればＡＩで実現可能だったりすることもあります。すべてシステム会社に丸投げをすれば楽ではありますが、その分多大な経費（原価）がかかってしまいます。工夫次第で同じことを安価でできる可能性が多いにある時代です。丸投げをしない形で効率よく経費削減ができないか、そのあたりも考えていきましょう。

分配は4：4：2でなければならないわけではありませんが、**「なるべく役員給与をしっかり取って、会社にも利益をきちんと残す」という姿勢をベースに経費をコントロールする**ことが大切です。定期的に数字をチェックして経費・役員給与・利益のバランスを見直すことが、1人経営を安定させる大きなポイントになります。

9 お金はそこまで貯めなくてOK

粗利の分配がうまくいき、役員給与をしっかり取れるようになれば、今度は貯蓄について考えてみます。もちろん、将来に備えてお金を貯めるのは大切ですが、ただ貯めこむだけで使わずに亡くなり、多額の相続税を払わせる……というのももったいない気がしませんか。そもそも、お金は使ってなんぼ、という側面もあります。本節では、お金をどう貯めていくか、将来のためにどう投資をするか、今の生活費とのバランスなど、総合的に考えてみましょう。

私が理想とするのは、「**ある程度蓄えて、普通に使い、少し残して死ぬ**」というイメージです。歳を重ねると医療費や施設費がかさむ可能性があるため、それらをカバーできる程度の預金や投資を持っておき、そこからの利息や配当と年金を合わせて生活する。投資元本をなるべく減らさず、緊急時は取り崩し、そのまま自分が亡くなるときは少しだけ残しておき、子どもに相続税などで迷惑をかけない――そんなバランス感覚です。

たとえば、3000万円を高配当株などに投資し、別途1000万円を現金で持っておく。毎年5％の配当（税引後で120万円）が入れば、年金180万円と合わせて年300万円の生活費を確保できます。月20万円で暮らせるなら、余った60万円を旅行などに使ってもいいでしょう。

緊急の支出があれば現金や投資を取り崩しますが、投資先が成長すれば配当収入が増える可能性もあります。結果として、そこそこ自由を楽しみつつ、子どもに余計な相続税の負担をかけない程度で人生を終えられるかもしれません。

こう考えると、1人経営で「いくらでも稼ぎたい」「お金は多いほどいい」と追い求めるのは必ずしも得策ではありません。先にも述べたように、「ある程度でいい」というスタンスこそが1人経営のストレスを軽減し、自分が幸せに生きられるバランスを作り出してくれます。

カギになるのは、**毎年のキャッシュフローを得られるような投資商品を利用すること**です。たとえば2024年から始まった新NISA制度を活用し、高配当かつ増配実績のある銘柄（潰れにくそうな会社）に枠いっぱいに買っておきます。その資産がある程度あれば、配当をもらいつつ、将来の増配を期待できる可能性も考えられます。

もちろん、億単位のお金を持ってラグジュアリーに暮らすのもひとつの夢でしょうが、相応のリスクを伴い、生活レベルを上げてしまうと元に戻すのが難しいという問題もあります（一瞬で転落してしまう危険性もあります）。個人的には、1人経営なら「お金はそこそこあればいい」というスタンスが一番です。**健全な範囲で稼ぎ、投資し、使いつつ、生きていくのが幸福度の高い生き方**ではないでしょうか。

第5章

1人経営でもたくさん儲けることはできる

1 もう人を雇わなくても儲けられる

この章では、1人経営で適度に、かつ自分の能力の範囲内で最大限に儲けるという視点について話を進めていきます。

運や能力は人それぞれです。ほかの人と比べれば見劣りする面があるかもしれませんが、そこは気にしすぎず、**自分が持っている力を最大限活かして効率よく稼げばいい**——私はそう考えています。「無理に大きく儲けなくても、自分が望む範囲の収入で十分」という考え方も、1人経営の魅力のひとつです。

以前なら、「人を雇い、その人の労働から生み出される上澄みを搾取することで大きく儲ける」という構図が当たり前でした。ところが今は、AIの進化などによって、人を大量に雇わなくても十分に事業を回せる可能性が広がっています。

たとえば、ＣｈａｔＧＰＴのような生成ＡＩは日々めざましい発展を遂げており、昨日は解決できなかったことも、今日ＡＩに頼むと一瞬でできる、なんてことが起きています。こうしたツールを活用すれば、同じ成果を得るために大幅に時間と労力を節約することが可能です。

私自身、税理士事務所を経営していますが、基本的に従業員は1人だけ。しかも離れた場所で働いてもらっています。「もっと顧客を増やして事務所を拡大できるだろう」と言われることもありますが、**今はあえて焦らずに、効率化によって仕事にかかる時間を減らすことを優先**しています。ある程度余裕ができたら、顧客を増やす（売上を伸ばす）ことを考えても遅くはない、というスタンスです。

私は現在54歳ですが、年齢的にも、これから仕事が遅くなったりミスが増えたりする可能性があります。それを補うためにもＡＩなどを積極的に利用していく考えです。これまでも、工夫をして仕事にかける時間を減らしてきましたが、これからそれが加速していくであろうことにワクワクしています。

時間をかけて丁寧に仕事をすることももちろん大切ですが、一方で、時間をかける必要がない仕事もあります。同じ成果を得られることについて、手作業で時間をかけるのか、AIに任せて時間を短縮するのか、どちらを選べばよいかは明白でしょう。

多額の報酬を毎年得ている人は、ほとんどが多くの人を使って儲けています。テレビで、贅沢の限りを尽くしている社長の映像が出てきたりしますが、それは人の働きの上に成り立っています。つまり、**従業員が働いてくれて得た売上などのお金から、その従業員に支払う賃金を引いた〝上澄み〟を大量に集めたものがその贅沢の源泉＝報酬**につながっています。それが悪いこととは言いませんが、いわゆる〝搾取〟であり、私はそれがあまり好きではないので、そこは最低限にするようにしています。その分、大した稼ぎを得ることはできず、華やかな社長とはいきませんが、それでいい（それがいい）と考えています。

事業を始めて、当たり前のように人を雇い、その従業員に頑張ってもらい、ブラック企業のように働いてもらって稼ぐというよりも、できる限り自分1人で頑張って効率化をしながら、最大限稼いでいく。「1人でやっていきたい」「搾取は極力したくない」と思う人にとって、今はまさにそうした経営が実現しやすい時代といえるでしょう。

2 売上ではなく、利益が最重要

よく耳にする「年商○億円！」というフレーズ。しかし、年商（売上高）はあくまで扱ったお金の総量であり、儲けの大きさを直接表すものではありません。どれだけのお金を扱っているかという面では、会社のスケールを測ることはできますが、それほど重要性のない数字です。

最も大切なのは、「最終的にどれだけ利益が残るか」です。もちろん、売上が大きいほど利益も大きくなる傾向はありますが、1人経営の場合は売上を巨大化させるよりも、利益率を高めるほうを優先させるべきでしょう。利益率を上げることで、同じ利益を少ない売上高（年商）で達成することのほうがいいと考えられます。

利益には「営業利益」「経常利益」「純利益（税引後利益）」など複数の段階があ

りますが、**最終的に残る「税引後の純利益」が重要**です。上場企業でも、純利益率（売上に対する税引後純利益の割合）が10％を超えない会社が大半で、30％を超えるといったケースはかなり例外的です。したがって、**まずは「10％を目指す」**のを目標にするのが現実的でしょう。

先に紹介した「粗利を4：4：2（役員給与4、経費4、利益2）で分配する」という方法を取れば、税金を多めに見積もっても、**粗利のうち12％ほどは純利益（税引後）として残せる**計算になります。たとえば、粗利が100あれば、その12％＝12が最終的な利益にできるというイメージです。もちろん、売上に対する粗利率は業種によりさまざまですし、原価が高いビジネスなら売上アップを図る必要があります。ただ1人経営なら、コンサルやサービス業のように比較的粗利率が高い分野を選ぶことで、粗利10％以上は十分実現可能です。

1人会社では規模の拡大で勝負するのは難しく、**「率（利益率）」を追求すること**がポイントになります。世間的には「年商○億円！」がウケがいいかもしれませんが、1人経営は大きな売上よりも、しっかり利益が残る体質を目指すほうが得策です。

「とはいえ、会社に利益を残しても自由に使えないのでは？」と思うかもしれません。確かに、法人に残った利益を個人がすぐに使うことは難しい面があります。100％株主である自分に配当したとしても、その配当は、法人税等の税金を支払った後の残りの利益であり、その配当についても、もらった個人に対して税金がかかります。二重課税となるので、中小企業ではあまり配当をすることはありません。

今すぐにお金が欲しければ役員給与を引き上げる選択もあります。ただ、それが難しければ将来に備えて会社に蓄え、必要なタイミングで退職金や役員給与として受け取る手もあります。

つまり、100％株主である自分の会社なら、長期的に見れば利益を自分に還元する手段は複数あります。今は使えなくても、会社の将来に対する安心材料ととらえ、ある程度利益を残すのは自然な経営戦略といえるでしょう。

3 経費の節約を忘れない

前章で、利益を残すためには経費を使いすぎないことが重要だと触れました。ここでは、あらためて経費について深掘りしていきましょう。

経営を始めたばかりだと、「経費になる＝タダみたいなもの」と感じてしまう人は少なくありません。たとえば、飲み代が経費で落とせるなら「タダ同然じゃないか」と考え、「夜の飲み代は経費だから」とどんどん使ってしまうケースがあります。

しかし当然ながら、経費に計上してもキャッシュ（現金）は出ていきます。利益が残らなければ事業の継続が危うくなることを忘れてはいけません。

税理士として、いろいろな経営者と接する中で、「経費は使えば使うほど得になる」と勘違いしているのでは、と思うことがあります。要するに、売上や粗利に対して経費を大きくして利益を圧縮すれば税金を減らせる――だから経費をどんどん使えばお得だ、という考え方です。

特に、交際費は浪費されがちな代表格です。「取引先との飲み会だから経費でいいよね」と、毎晩飲み歩きや高級店での接待に多額のお金を使ってしまう経営者がいます。月100万円単位の交際費をかける人も珍しくはありません。

法律上、**中小企業（資本金1億円以下）であれば年間800万円までは飲食代の交際費を全額経費**にできるため、限度はありますが、毎日高額な飲み会をしても経費に計上可能です。ですが、その分現金は会社から出ていくわけですから、当然お金は残らなくなります。

こうした浪費体質は、結局欲に負けているだけだと言うことができでしょう。

毎晩高級店に通うのは気持ちいい反面、健康面へのリスクも高く、会社の財務的にも厳しくなりかねません。

逆に、交際費などの経費を節約して利益を残すことには大きな価値があります。税金をしっかり納めることで社会貢献にもなりますし、会社にキャッシュを蓄えることで将来の不測の事態にも備えられます。

要するに、**利益をゼロに近づけるために経費を使い切るのは賢明ではない**ということ。1人経営をうまくいかせたいのなら、まずは経費を節約して利益を残すことを意識しましょう。

4 自分への分配は必要な分だけにする

何度か触れているように、私は粗利（売上－原価）を「役員給与4：経費4：利益2」で分配するのをひとつのモデルとして推奨しています。このうち、役員給与4の部分は、経営者やその家族が生きていくために必要な収入源となります。

もしその役員給与を無制限に増やしたら、どうなるでしょうか。生活レベルがどんどん上がってしまい、一度上がった生活水準を下げることはとても難しくなります。毎月かかるお金を減らしていくのには痛みが伴い、手続きも面倒で、結局「このままでいいや」となりがちです。

こうなると、仮に会社の業績が下がり、役員給与として分配できる額も下がった場合に、役員給与は多くの額を必要とするわけですから、利益が大きく減ってしまいます。下手をすれば会社の存続にも影響しかねません。**生活レベルを上げたことで1人経営の継続ができなくなる、**という何とも馬鹿らしいことになってしまいます。

1人経営でも右肩上がりで売上を伸ばし続けられれば、それはそれで素晴らしいことです。でも、現実には何が起こるか分からない世の中です。災難や景気変動で急に業績が落ち込むこともあり得ます。

そんなときに強いのは、やはり普段から生活水準を抑え、節約を心がけているタイプの人です。世界有数の投資家ウォーレン・バフェット氏が倹約家として有名なのは、その典型的な例でしょう。莫大な資産を持ちながら、毎年1000万円そこそこの報酬しか会社からもらわず、60年以上前に購入した安い家に住み続けているとのことです。特別な人なのに、特別なことをせず、つつましく生きている姿を、私たちも見習うべきではないでしょうか。

1人経営においても同じことが言えます。**楽観的すぎる計画で役員給与を高く設定し、無闇に生活レベルを上げるのは危険**です。売上が落ちたときに縮小するのは難しく、結果的に会社が赤字に転落するリスクを高めます。

反対に、役員給与を抑え目に設定して余裕が出れば、その分を将来にまわしたり、投資や会社に蓄えておくほうが安心感も高まり、状況が好転したときにはより柔軟に行動できます。

要するに、**「必要分だけを自分に分配して、節約しながら生きていく」姿勢が、1人経営においては賢明**なのです。苦しくなったときにも大きく揺れず、好転したときには将来への蓄えを増やす余地が生まれます。

このスタイルこそが、長く安定して「1人経営」を続けるための土台になるのです。

5 報酬を「今」と「未来」に分配する

何度も触れてきたように、役員給与として配分できる金額は、稼いだ分を際限なく増やすのではなく、ある程度厳しめの計画を立てておくことが大切です。そして、その受け取る役員給与を**「現在（近い将来）」と「未来」に分けて使う**ことで、将来への備えをしっかり行う姿勢が重要になります。

「将来のことを考えすぎず、今を生きる」という考え方も大切ですし、実際に老後資金を貯めすぎて使わずに亡くなってしまっては、本末転倒だという面もあります。しかし、一方で、刹那的に今しか見ないというスタンスだと、いざ長生きしたときに蓄えがなく、年金も少ない状態では相当苦しくなってしまいます。特に若い頃にムダ遣いや贅沢が当たり前になっていると、後になって倹約生活にシフトするのは精神的に大変です。

つまり、仕事の「引退までの生活」と「引退後（老後）の生活」を、なるべくバランスよく見て計画を立てておく必要があるということです。

引退後は仕事の収入がなくなるので、年金や配当金といった他の収入を足したときに、現役時代の生活費と同じくらいの金額になるように考えていきます。そのためにも、役員給与のうちいくらかを将来に回す必要があるわけです。

もし保守的に将来に備えるのであれば、役員給与を3分の1ずつ次の3項目に分けるといいでしょう。

- 現在の生活費＋遊興費
- 税金と社会保険料
- 将来への投資（貯蓄や運用）

たとえば、役員給与が800万円なら、おおまかに266万円ずつを生活費・税金・投資に振り分けるイメージです。役員給与が低いほど税金や社会保険料が少なくなるため、その分を「現在」と「将来」にさらに振り分けることも可能です。

仮に「生活費400万円がどうしても必要」ということであれば、役員給与を1200万円に引き上げるように逆算し、必要な粗利を3000万円（＝1200万円÷40％）に設定する必要があるでしょう。

もちろん、家族がいて生活費が多く必要だというのであれば、現在必要なお金が将来必要なお金より多くなりますが、結局、いま多くのお金が必要な人は、将来も多くのお金を必要とする可能性が高いため、このように保守的に現在の生活費と将来の生活費をイコールでとらえ、将来に多く残しておくことが必要となります。

それでも厳しい場合は、住宅ローンや子どもの教育費を「将来への投資額」と考えてもいいかもしれません。それらは将来の支出を減らすことにつながる可能性が高いからです。住宅ローンを払い終われば、将来の家賃は必要なくなりますし（リフォームなどである程度のお金はかかってしまいますが）、子どもの教育費にお金をかけることで、将来困ったときに助けてもらえる可能性が高まるからです（少なくとも成人後の子どもにはあまりお金はかからないはずです）。

このように、将来困らないためにも、工夫をしながら、「現在」と「将来」に役員給与を分配していきましょう。

6 多く儲けることが幸せか？

ここまでお金の話をいろいろとしてきましたが、最終的に強調したいのは、「**結局は自分の納得いくお金の使い方をしてこそ、人生は幸せになる**」という点です。たくさん稼ぎ、大量のお金を使って贅沢に生きることだけが幸福の形ではありません。

もし、豪華絢爛な生活を送りたいのであれば、多くの人を雇って差額の利益を手にするなどして莫大な収益を得る道を探す必要があります。もちろん簡単なことではありませんが、贅沢を目指す人は1人経営には不向きだと言えます。1人経営を選んだということは、自分に合った規模の利益を追求し、その範囲で快適に生きていくのを目指すほうが自然な姿と言えるのではないでしょうか。

では、その「自分に合った利益」とは何でしょうか。それは突き詰めれば、**自分や家族が生活していくうえで最低限必要な利益をきちんと確保すること**と考えられます。先に述べた家計計画（人生計画）を実行する際に必要な利益が、そのまま「自分に合った利益」の目安になるわけです。

利益を計画するには、最終的に売上目標を決めなければなりません。「自分の生活に必要な利益」から逆算し、どの程度の売上が必要なのかを考える形です。もし売上目標が非現実的に高ければ、それを達成できずに計画自体が成り立たなくなるでしょう。そういう場合は、どうしても生活レベルを下げる必要が出てきます。逆に、等身大の売上を設定して、その範囲内で暮らすほうが、無理のない計画になるわけです。

もちろん、「高級車に乗り、高級ブランドを身にまとい、高級別荘でバカンスを楽しむ」という生活を理想とする人もいるでしょう。しかしそれができるのは、莫大な儲けの源泉を見つけた人か、多くの人を雇うなどして利益を搾取できる人たちです。私たち凡人は、1人経営をしてそのような状態を目指すことも不可能とは言いませんが、実際はかなり難しいでしょう。

むしろ、多額のお金をかけなくても満足できる生き方を見つけて、自分の時間をしっかり確保し自由に過ごせることこそ、多くの人にとっては理想と言えるのではないでしょうか。大前提として、自分や家族が元気に暮らせるなら、それだけで十分に幸せだと思いませんか。

過剰な欲を持ちすぎると、どうしてもストレスが増えてしまいます。お酒やタバコの量も増えて体に悪いですし、株価の急落や思わぬ事件が起これば心配事が尽きず、精神的にも負担が大きくなるでしょう。

だからこそ、「そこそこの生活を維持しながら、健康を保ち、ゆったり楽しく暮らす」ことが、私たちのような凡人には一番しっくりくるのではないかと思います。

無理をせず、自分に見合った利益を得られる仕組みを作り、それを活かしつつ、ゆるやかに人生を楽しむ。そんなスタイルこそが、1人経営の持つ魅力を最大限に活かす道ではないでしょうか。

7 3つの資本のバランスが幸せを育む

ここであらためて「3つの資本」について考えてみましょう。先に述べたように、橘玲氏の著書で紹介されている人的資本・社会資本・金融資本をバランスよく持つことが、幸せな人生の土台になるという考え方があります。では、1人経営を行う人にとって、この3つの資本をどのように充実させればいいのか、考えてみましょう。

橘氏の著書『幸福の資本論――あなたの未来を決める「3つの資本」と「8つの人生パターン」』（ダイヤモンド社）によると、**①人的資本（働いて稼ぐ力）**、**②社会資本（社会や周囲との関係性）**、**③金融資本（お金や資産）**の3つすべてを潤沢に持つ必要はないが、2つ以上は持っていたほうがよいという主張がされていて、私も同感です。

まず、人的資本を「一生仕事を続け、ある程度稼ぎ続けられる力」ととらえるなら、1人経営で特に重要なのは**健康とスキル**です。1人経営には定年がないため、生涯にわたって仕事をすることも可能です。肉体労働でも頭脳労働でも、健康寿命を延ばして体と心の調子を整えておけば、長く稼ぐ力をキープできます。もちろん、ある程度稼げるようになったら引退してゆっくり暮らすのも選択肢ですが、その際にも「健康で長生きする」土台があると、より自由度が高まるのは言うまでもありません。

次に、社会資本です。1人で経営をしていると、どうしても内にこもりがちになってしまいがちです。従業員を雇わないぶん、他社や外部とのコミュニケーションが減りやすいとも言えます。ですが、他の会社や1人経営の人に仕事を依頼したり、同業者の集まりに参加したり、地域活動に顔を出したりすることは、意外と重要です。

こうしたつながりは、仕事上のプラスになるだけでなく、仕事では出会えない多様な人たちとの交流によって人生の幅が広がる利点もあります。もちろん、過剰に団体にのめり込みトラブルを抱えるリスクはありますが、**程よいバランスで社会との関わりを持つことが、長い目で見れば役に立つ**でしょう。

最後に、金融資本について。1人経営では、一気に莫大な資産を築くのは簡単ではないため、**コツコツ蓄えを増やしていくスタイルが基本**になります。将来にわたって安定収入を期待できるよう、配当や利息などの形でキャッシュフローを生む投資を行うのも理想的です。

もちろん、相当な金融資本を貯めれば、早期リタイアして暮らしを楽しむことも視野に入ってきます。ただ、最初からそこを目指すのは大変ですし、1人経営なら、働きながら徐々に金融資本を積み上げるほうが現実的と言えます。

とはいえ、3つの資本をすべて同時にバランスよく伸ばすのは難しいものです。

まずは1つ、自分が得意な分野をしっかり積み重ね、その成果を活かして他の資

本を伸ばすのが理想でしょう。たとえば、人的資本が強い人は稼いだお金で金融資本を育てる、社会資本の豊かな人は人脈を活かして学びを得たり仕事を増やしたりする、という具合です。

3つを最初から均等に伸ばすのは欲張りすぎかもしれません。まずは一番強みのある資本を育て、そのあと2つ目、3つ目と派生させていくイメージで考えましょう。

人によって、どこまで伸ばせば「十分」と感じるかはさまざまです。絶対的な指標のようなものは存在しないので、自分が望む生き方に合ったレベルで各資本を増やしていけば十分です。

常に3つの資本を気にする必要はありませんが、人生設計や経営計画を練る際に、人的・社会的・金融的な視点を加えてみると、新たな気づきが得られやすくなります。1人経営ならではの自由度を活かしつつ、この3つを意識してみると、より充実した人生につながるはずです。

第6章

「仕組み」で時間を作り、再生産する

1

徹底して「仕組み」を作ろう

ここからは、もう少し具体的な経営の方法に踏み込み、1人経営で「仕組み」を作ってそれを動かすという話をしていきましょう。地道に仕事を積み重ねるのも大切ですが、働きすぎやストレスで健康を損なっては本末転倒です。1人経営の利点は、無理なく細々と続けられること。そこを最大限に活かすには、「仕組み」を整備して効率化を図る姿勢が重要になります。

もちろん業種によって状況はさまざまですが、**自分が仕事を抱えすぎないこと、**あるいは外注先などに依頼する際も**相手に負担をかけすぎないこと**が大切です。

1人経営では基本的に従業員を雇わないかもしれませんが、いずれにせよ無理をしない体制を整えるために、繰り返し行う業務を機械やソフトに任せるなど、仕組み化していきましょう。

この「仕組み」は、時代や技術の進歩に応じて変わっていきますが、2025年現在、幸いにもChatGPTのような生成AIが急速に進化しており、誰でも使える形になりつつあります。私自身まだまだ活用しきれていませんし、実際に使いこなしている人は多くないかもしれませんが、相当便利なツールだと感じています。ChatGPTを使って自動化のプログラムを作ったり、業務を効率化したりすることで、仕事にかける時間を大幅に減らすことが可能になります。日頃から「ここを自動化できないか」「ChatGPTならどう解決するだろう」と意識しておけば、すぐにでも仕組みの一部として活かせるでしょう。

たとえば、ウェブ上の特定の情報を自動で集めて表にまとめる作業なども、ChatGPTに頼めば簡単に完結するケースがあります。また、何か新しいウェブサービスを使うときにわからない点があっても、従来ならヘルプページやサポートセンターに問い合わせていたところをＣｈａｔＧＰＴに聞くことで、一気に解決策が得られるかもしれません。

こうしたＡＩアシスタントを隣に置いておくような感覚で、困ったときはとりあえず聞いてみる癖をつけるだけでも、新しい仕組みづくりに踏み出しやすくなるはずです。

一方で、従来どおりの方法だけで仕事を進めるのは簡単ですが、それでは何も変わりません。１人しかいない以上、仕事にかかる時間を短縮して稼ぎの効率を上げる発想が不可欠です。常に長時間労働していては、年を重ねたときに体力や集中力の問題が出て厳しくなります。

ＣｈａｔＧＰＴに限らず、今後登場するさまざまなテクノロジーを活用することで、仕組み化と効率化を推し進めていきましょう。**長時間労働を美徳と考える時代はすでに終わっています**。短時間で高い成果を出し、余裕を持って稼ぎ、ゆったりとした生活をする――そうした働き方を目指すためにも、仕組みづくりを意識し、その仕組みを上手に動かすことが大切です。誰から何か言われるわけでもなく、自分の裁量で思い切り行動できるのは、1人経営の特権とも言えるでしょう。

2

捻出した時間を再投資する

前節では、「仕組み」を作って仕事の時間を減らし、短時間労働で気楽に生きていこうという話をしました。ここでは、その仕組み化によって生まれた時間をどう活用するかについて考えてみましょう。

お金を投資して株を買うと、配当金が入ってきます。それを使わずに再投資すれば、複利でどんどん増やせる可能性があります。時間についても、考え方は似ています。仕組み化で削減した時間をさらに仕事に回すことで、仕事に注げる時間を「複利的」に増やせるかもしれません。

ただし、その場合はせっかく労働時間を短くしても、結局また仕事に費やすことになりかねず、延々と働き続ける状況が生まれるおそれがあります。

そこで大事になるのが、**仕組み化や自動化で生まれた時間を、あえて別のことに再投資する**という発想です。たとえば、余裕ができた時間でゆっくり休んだり、睡眠や運動に回したりして健康を維持するのもひとつの再投資と言えます。あるいは、その時間で勉強やリサーチを行い、さらなる仕組み化のアイデアを育てるのも有効でしょう。

人によっては「仕事に没頭すること自体が好き」というタイプもいます。長時間働くことに誇りを感じ、「こんなに頑張っているんだから、もっと報われるはずだ」と思うこともあるでしょう。さらに、日本人特有の勤勉さから、「きちんと会社に行って働くことが正しい」という価値観が根強いのも事実です。

私自身、在宅勤務が増えた結果、平日の昼間にテニスや病院通い、あるいは遊び半分の遠征に出かけたりすることがあります。すると、オフィスに通って頑張る息子からは「もっとしっかり働くべき」といった忠告をもらうこともあるのです。こうした「平日昼間に遊ぶのはおかしい」という感覚は、コロナ以降に一度変化しかけた労働観が、また元に戻りつつある面もあるでしょう。

しかし私としては、**仕事は労働時間の長さで評価するものではない**と考えています。確かに時間を延ばせば稼ぎを増やすことは可能かもしれませんが、1人経営では効率よく、自分が求める分だけ稼げればそれで十分ではないでしょうか。労働時間を増やせば増やすほど健康へのリスクも高まりますし、趣味や家族との時間が減れば人生の楽しみも損なわれます。仮に仕事が大好きでも、過度に働きすぎるのはやはりリスクがあると言えます。

だからこそ、仕組み化や自動化によって生まれた時間を、さらに仕組みづくりを促進するために使ったり、休養や趣味に回したりして、労働時間を際限なく増やさないことが大切です。

時間は複利のように増える可能性を秘めた資源です。**短縮した時間を賢く再投**

資すれば、さらに効率化が進み、結果的にもっと余裕のある生活を手に入れられます。好きなことをして過ごす時間を確保し、健康的でストレスの少ない暮らしを続けるためにも、仕組み化で生まれた時間の再投資をうまく活用していきましょう。

3 仕事も人生の「仕組み」のひとつ

ここで少し概念的な話に戻ってみたいと思います。ポイントは、「仕事」をどのようにとらえるかということです。すべての人に当てはまるわけではありませんが、ぜひ自分の人生に当てはめて考えてみてください。

本節の主張は、**「仕事は、人生の一部であり、あくまで仕組みのひとつに過ぎない」**というものです。言い換えれば、仕事だけが人生の最重要要素というわけではなく、趣味や健康、家族との時間などと並列に考えるべきだ、ということです。そして、その仕事を人生の〝仕組み〟としてとらえ、可能な限り仕組み化することで、他の時間も充実させていこう、という提案でもあります。

これまでの日本社会では、「仕事こそが人生」という考え方が一般的でした。多くの人が仕事を最優先し、出世や会社の成長にすべてを捧げることが美徳とされてきたのです。しかし、情報があふれ、社会がめまぐるしく変化する今の時代、「仕事を最優先にする」だけの生き方が必ずしも通用しないケースが増えています。

かつての日本が成長期にあった頃なら、そのやり方でも庶民が成功をつかめたかもしれません。しかし、今や社会が流動的になり、動きも速い。そんな状況では、仕事を人生のほんの一部として位置づけ、**他の時間（生活や育児、趣味、勉強、癒し、運動、睡眠など）をしっかりと確保しながら生きる**ほうが、よりよいのではないかというわけです。

さらに、前節で述べた「仕組み化」を仕事にも適用すれば、その分時間が生まれます。その時間を、仕事の再投資にあてるのも1つの方法ですが、ひたすら労働時間を伸ばすのではなく、「**あくまで効率アップや自由時間の創出**」を目的とするのが賢明でしょう。そうすることで、1人経営でも無理なく働き続けられますし、他の活動にも心おきなく集中できます。

つまり、仕事は人生全体の仕組みのひとつとして位置づける、という考え方です。生活や遊び、運動、ぼーっとする無駄な時間など、あらゆる要素を自分なりに仕組み化し、バランスよく取り入れていく。これが、変化の激しい現代を楽しく生き抜くうえでフィットするスタイルだと言えます。仕事だけに人生を支配されるのではなく、仕事も含めたさまざまな要素を仕組み化しながら、自由に暮らすことこそが1人経営の大きな魅力ではないでしょうか。

4 1人経営の「仕組み」の作り方

1人経営で仕事の「仕組み」を作る方法は、人によって大きく異なります。万人に当てはまる絶対的な正解というものはありませんが、ここでは自分なりの仕組みをどう構築するかのポイントを見ていきましょう。

まず前提として、1人経営で効率よく仕事を進めたいなら、**同じことを何度も繰り返し手作業で行うのを避ける**ことが重要です。過去には「毎日決まった作業を淡々とこなす」ことが一番よいとされた時代もありました。しかし今では、AIや機械に任せられる作業は任せるのが当たり前になりつつあります。

たとえば、この原稿のような創造的な作業は、まだ人間が行うほうが向いている面もありますが、それでもＡＩに補強的な意見を求めることは十分に可能です。1人経営で行う業務をリストアップしてみると、想像以上に自動化できる部分が見つかるかもしれません。

1．まず、普段の仕事をすべてリスト化してみる

些細な作業やＳＮＳチェックなど、「手間がかかっている可能性のあること」を漏れなく洗い出す。

2．次に、それぞれの作業を自動化できないか検討する

「ＡＩやプログラムで置き換えられないか」「システム化で時間を短縮できないか」を1つ1つ考える。

3．対応策を記録し、順次実行していく

ＣｈａｔＧＰＴなどのＡＩは日々進化しており、以前は難しかった自動化が、ある日突然容易になることもある。定期的に確認し、アップデートを続ける。

特に、最近ではＣｈａｔＧＰＴを活用してプログラムを書くという手法が注目されています。私自身は詳しくない部分もありますが、ＥｘｃｅｌのマクロやスクリプトをｃｈａｔＧＰＴに作ってもらい、それを動かして業務を自動化することは十分可能です。ＣｈａｔＧＰＴに「どうやったらこれを自動化できる？」と質問すれば、具体的なコード例や手順を提案してくれるかもしれません。

一見すると「自分で手作業したほうが早い」と感じる作業でも、慣れや思い込みで「簡単にすぐできるから」と済ませてしまう人は多いです。しかし、そこを我慢して「本当にこれを機械に任せられないか？」と考えることが、１人経営の効率化への第一歩です。１人で時間を生み出すためには、まず発想を変え、**すべての作業を自動化候補にするくらいの意識**が大事です。

そして作業を効率化し、空いた時間を使って創造的な仕事に取り組んだり、プライベートを楽しんだりすれば、１人経営でも十分に豊かな生活が実現できるでしょう。

5

もう大がかりなシステムは必要ない

前節で述べたように、ＣｈａｔＧＰＴなどのＡＩを使うことで多くの作業をカバーできるようになり、従来は不可欠だった大がかりなシステムを必ずしも導入しなくて済む時代になってきました。

たとえば私の属する税理士業界では、システムベンダー各社がさまざまなソフトやサービスを提供し、かなりの売上規模を誇っています。一部の企業は利益が少ない場合もあるようですが、私の感覚では、ひとつの大きな産業を形成していると言っていいでしょう。

これらのベンダーが開発するシステムは確かに便利で、税理士にとって大きな助けになるケースも多いです。しかしその一方で、**「これを使っていれば大丈夫」**

という安心感から、余分なコストを払っている場面も見受けられます。

同様の例として、私が税理士を始めた2005年頃は、「ホームページ作成代行」の会社が隆盛を極めていました。「毎月5万円でホームページの作成・維持ができます」というキャッチフレーズで、5万円×60か月＝300万円のリース契約を結ばされるといった話が横行していたのです。途中解約できず、保守サービスも十分でないまま大きな損失を被った人が何人もいました。

現代でも、高級車が買えるような金額を支払わせるシステムやリース契約が残っています。一見、月数万円のリース料だからと安い印象を受けても、この先が予測しづらい世の中で5年間の縛りがあるのはリスクが高いでしょう。

こうした背景には、「ＩＴに疎い」と思い込む経営者が多いことや、提供企業の見た目の信頼感などが影響している面があります。もちろん契約は自己責任ですが、悪く言えば〝だまされている〟例も少なくありません。

特に1人経営の場合、こうした**高額支出を安易に決めてしまうのは非常に危険**です。今はＡＩをはじめ、自分である程度仕組みを整えられる環境が整っています。高額なシステムには使わない機能が多いことも多く、コストに見合わない可能性が高いのです。

ぜひ、高額なシステムに頼りきるのではなく、自分で可能な範囲で仕組みを開発・活用し、効率化を進めてみてください。ＡＩの進歩によって、かつては大規模なシステムでしか実現できなかった機能も、低コストかつ短期間で実装できるようになりつつあります。

1人経営を続けていくうえでは、こうした新時代のツールをうまく使いながら、高い出費を抑えて合理的に仕事を回していくことが将来への安心にもつながるはずです。

第7章

ＡＩの力を得て飛躍する

1 もはや経営にＡＩは欠かせない

これまで、ＣｈａｔＧＰＴなどのＡＩを使って仕事を効率化しようという話を何度もしてきました。少ししつこいように思われるかもしれませんが、ここではあらためてその重要性を再確認し、１人経営にＡＩをどう取り入れるかを考えてみたいと思います。

私はＡＩの専門家ではありませんし、どちらかというと「ド素人」に近い立場です。しかし、そうした素人目線だからこそ、「１人経営においてＡＩをどのようにＡＩを使えるか」を書くことで、同じような境遇の方の参考になれば嬉しいと感じています。

少し昔話ですが、私が税理士事務所を開業したのは２００５年でした。当時、ホームページやブログなどのSNSを積極的に商売に活かしている税理士はまだ少なかったと思います。私は開業前にネットで見かけた事例などを参考に、情報発信の重要性をなんとなく理解していたので、ホームページを作り、ブログ（当時は「楽天日記」など）を書き、メールマガジンを発行するなど、ネットをフル活用してみました。その結果、まだライバルの少ない環境で目立つことができ、実際に顧客を増やすことにもつながりました。

そして時代は移り変わり、現在は「AI」こそが大きな話題であり、最も活用すべき領域になっていると感じます。その中でも、庶民が使いやすい「生成AI」をどう仕事に活かすかがカギになるでしょう。

ChatGPTは、あらかじめウェブ上の膨大な情報を学習しており、私たちが的確な質問（プロンプト）をすれば、それなりに正確な回答を瞬時に返してくれるのが特徴です。以前のネット検索では、知りたいことを検索窓に打ち込むと、関連しそうなウェブサイトが一覧表示されるだけでした。ところがＣｈａｔＧＰＴはそのまま答えを提供してくれる形になっています。さらに、たとえば表を作るなどの単純作業も、簡単に代行してくれる場合があります。

もちろん、ＣｈａｔＧＰＴが完璧なわけではなく、的確な質問を投げる技術（プロンプト・エンジニアリング）が必要だったり、誤回答も混じることがあります。それでも、机に向かって事務作業をする時間の多い人にとっては、問答無用で解決策を与えてくれる非常に頼もしい存在になるはずです。

1人経営においては、とりわけＡＩ活用が必須と言っても過言ではありません。**多くの従業員を雇えない分、ＡＩを従業員のように使って作業の一部を任せることで、これまで人手が必要だった業務をスムーズに処理できる可能性が高い**からです。ただし、ＡＩは常に意識していないとついつい従来のやり方で済ませてしまいがちです。私自身、気を抜くと「手作業のほうが早い」と思い込んでしまいますが、実際にはＡＩが瞬時に終わらせてくれる作業も少なくありません。「これはＡＩに任せられないか？」という問いを日頃から持つことが大切です。

これからの時代、ＡＩを使いこなさなければ経営が成り立たないとさえ言えるかもしれません。１人経営の強みは、自分の思うように仕事を組み立てやすい点。そこで従来の習慣にとらわれず、常に新しいツールを試し、ＡＩで作業を効率化できるかを模索していくことが、今後の１人経営の大きなカギになるでしょう。

2

AI超活用で、経営は楽々できる

1人経営でどのようにAIを使っていくか、一度じっくり検討してみましょう。まず、**経営計画**については、今までは自分で一から考えるのが当たり前でした。しかし、今や生成AIに入力して大まかな内容を作成してもらい、それをベースに自分なりに編集する方法が可能です。本書を参考にして計画の概略をまとめ、それをChatGPTなどに投げかけて提案を受ける、という流れをとれば、計画作成の手間を大幅に省けるでしょう。

また、日々の業務にもAIを最大限に活用するのがポイントです。仕事の種類や内容によって方法は異なりますが、**時間がかかる単純作業**や、これまでなら**従業員に任せるような作業**は、積極的にAIにやってもらうようにしてください。

思いがけないトラブルも、まずAIに相談してみると、意外なほど解決策を提示してくれるかもしれません。

具体的には、手動で長時間かかっていた作業の多くがAIで自動化できる可能性があります。**PDFで受け取った資料の内容をWordやExcelにまとめたり、ソフトに入力したりといった作業**も、最近ではAIを搭載したツールやChatGPTと連携したスクリプトで自動化が進めやすくなりました。最初は精度が不十分で修正の手間が要るかもしれませんが、使い続けることで精度向上が期待できます。

以上はあくまで一例で、AIの可能性はさらに広く、しかも日進月歩で進化し続けています。大切なのは、自分の仕事を「なるべく手作業でやらない」という発想を常に持つこと。AIやコンピュータに委ねられる部分はどんどん委ね、人間しかできない創造的な作業に集中することで、1人経営でも高い付加価値を生み出せるようになるでしょう。

こうしてＡＩを活用すれば、これまで「人の手」が必要だった部分を機械に任せることができ、**1人経営のコストは下がりつつも業務効率が上がる**という理想的な形が実現します。従業員を雇う負担も減り、そのぶん1人でも気楽にやっていけるわけです。逆に、従業員側もスキルを身につけて独立し、自分自身の1人経営を始めるなど、社会全体がより柔軟な働き方へとシフトしていくかもしれません。

3 AIが従業員の代わりになる

繰り返し述べていますが、AIを活用すれば従業員がいらなくなるという可能性について、あらためて考えてみましょう。

従来の一般的なビジネスモデルでは、経営者（兼投資家・会社オーナー）は多くの人を雇い、その人たちが生み出す利益から給与などのコストを差し引いた「差額」を自分の収入としてきました。社員の数が増えれば、そのぶん稼ぎも大きくなる、という構図です。

しかし現在、あるいはこれからの時代は必ずしもそうではありません。もちろん、従来モデルがすぐに消えるわけではありませんが、ChatGPTに代表されるAIや最新ツールが、人間の代わりに仕事をしてくれるシーンが着実に増えてきています。

たとえば、リアルに物を作ったり運んだりする作業は、まだ大がかりなロボットが必要だったりして、小規模経営には高コストすぎる場合が多いでしょう。しかし、パソコンでの事務仕事などはＡＩの得意分野となり、これまで人間が行っていた作業を置き換えてもらうことがますます可能になっています。

私自身、クリエイティブな文章作成などはまだＡＩに完全に任せる段階ではないと思っていますが、多くの事務作業や定型的な処理は、ＡＩや自動化ツールにお願いできるようになりました。１人経営なら、人を雇わずともＡＩを〝**仮想従業員**〟として使えば、ほとんどのルーティン作業をこなせるかもしれません。

具体例として、定型文の生成、メールやチャットでのやり取り、自動計算やファイル変換など、これまで人間の手で行っていた細かなタスクを、ＣｈａｔＧＰＴや連携ツールで自動化してしまう方法があります。最初の設定や試行錯誤には手間がかかるかもしれませんが、一度仕組みを整えればボタン1つで処理を済ませられるでしょう。

また、経営上の悩みや、「どちらに進むべきか」といった判断なども、ＣｈａｔＧＰＴなどのＡＩに相談してみることが可能になりました。もちろん、そのまま鵜呑みにできない場合もありますが、問題解決のヒントを得られるケースは多いです。これまでコンサルタントを雇っていた部分を、ある程度ＡＩで代替できるかもしれません。

一方で、1人経営の人自身も、「ＡＩに仕事を奪われる」リスクを考えないわけにはいきません。だからこそ、**ＡＩが苦手とする創造的な領域や、人間らしい判断が求められる仕事に注力する**必要があります。ＡＩを活用する人と活用しない人の格差は広がりつつありますが、ＡＩに置き換わりづらい仕事を持ちつつ、ＡＩを最大限に利用していくという戦略が、当面は最良の道でしょう。

時代の変化は激しく、ある日突然、自分のビジネスモデルがＡＩに取って代わられる可能性も否定できません。しかし、**常に動きながら適応していくのが１人経営の強み**。過度に恐れず、ＡＩを上手に取り入れつつ、ＡＩに奪われない仕事を意識して行動していくことが大切です。

4 ＡＩの苦手な仕事をやる

ＡＩをフル活用し、ＡＩに奪われない仕事を選ぶ――これが、これからの1人経営で大切になるのは前述のとおりです。しかし、ＡＩの進化は極めて早く、いま得意としている仕事がすぐに時代遅れになる可能性も否めません。

そこで視点を変えてみて、**「ＡＩが苦手な仕事」をあえて選ぶ**というのもひとつの方法ではないでしょうか。ＡＩが苦手とする作業とは、つまり「**人間が介在しなければ成立しにくい領域**」と言えるでしょう。

たとえば、火を使う調理が必要な飲食店業務は、いずれロボットが代替する未来があるかもしれませんが、現時点では法的な許可や安全性の問題などが絡み、完全に機械に任せるのは難しい側面があります。ほかにも人の体に直接触れるケア（介護や医療の一部）なども、ＡＩやロボットのみで行うのはまだハードルが高いでしょう。

もちろん、技術の進歩によって、今は難しいとされることも将来的には容易になる可能性はあります。実際、ＡＩやロボットの研究開発は日々加速していて、何でも実現できるといった状況に近づく可能性は十分あります。ですから、いまから数年が勝負になるかもしれません。

それでも、「当面はＡＩやロボットに置き換えられそうにない」と考えられる仕事を見極め、そこに特化するのは1人経営として理にかなった戦略です。当面の間、希少性が保たれ、安定した収益を得やすい可能性があります。

1人経営で新たに仕事を始める場合や、既存事業が軌道に乗ったあとに周辺事業を探す際にも、「**AIに代替されにくい領域はどこか**」と考えてみてください。

5 「なくなる職業・仕事」を考える

雑誌などの特集で「将来なくなる仕事」「ＡＩにとって代わられる仕事」といったテーマを目にすることがあります。そうした記事を読むたびに、「自分の職業は将来、本当に必要とされなくなるのか？」という不安が頭をよぎる人も少なくないでしょう。

私自身、現在は税理士を生業にしています。具体的には、お客様の会計データ（売上や経費など）を入力・チェックし、会計ソフトで集計。そのうえで決算処理を行い、税務署や都道府県・市町村への申告書を作る、各種届出を行う――といった仕事がメインです。さらに経営面の相談を受けることも多い職業です。

一方で、雑誌やネットの「なくなる職業」特集では、よく税理士や会計士が挙げられます。税理士と会計士は資格としての微妙な違いはあるものの、世間的には「会計関係の専門家」として同じ括りで扱われることも多いのかもしれません。そうした特集を目にすると、私も「本当にこの仕事はＡＩに奪われるのだろうか？」と考えずにはいられません。

今のところ、将来どうなるかまったく読めないため、私自身は「実際にそうなったら対応するしかない」というスタンスでいます。ＡＩや法改正などの要因で、「明日から税理士が不要」となれば文句を言っても仕方ありません。仕事自体を諦めるか、大幅に業務形態を変えざるを得ないかもしれません。ただ、今の段階では具体的な備えをしているわけではなく、いざそうなったら動くという考え方をしています。

しかし、同じように「自分の仕事が消えると困る」と強く不安を抱く人もいるはずです。たとえば、運転手などは昨今「人手不足」と言われている一方で、自動運転が普及すればいつか必要なくなるかもしれません。とはいえ、運転技術そのものは簡単に奪われるものでもなく、自動運転を支える仕事や交通・物流の知識を活かした新たな役割を作るなど、いくらでも応用が考えられるでしょう。

次の章では1人経営の実例を取り上げますが、そこにもAI・ロボットの発展次第で不要になりそうな仕事はあるかもしれません。ただ、AIやロボットを学んで理解し、今の仕事や新しい事業を研究すれば、必ず生き延びる道はあるはずです。食いっぱぐれるかどうかは、結局のところ自分次第と言っても過言ではありません。

「自分の仕事が将来なくなるかもしれない」と不安になるだけではなく、そうなった場合にどう動くかを日頃から考えておきましょう。 たとえ突然その日が来たとしても、そのときに対応策を講じるのとまったく備えがないのとでは、大きな差が生まれるはずです。

第 8 章

1人経営の実例と、目指す姿を考える

1

1人士業事務所

この章では、私が税理士として関わっている1人経営の実例をいくつか挙げ、どんな事業を行っているのか、どのくらい稼げる可能性があるのか、将来性はどうなのか、といった点を考えていきたいと思います。

私のお客様には、1人経営、または家族1人を雇っているといった形態の方が数多くいます。これまで「会社を大きくしないほうがいい」「1人で上手に経営していこう」というテーマの本を書いてきたこともあり、自然とそういうタイプのお客様が多いのだと感じています。逆に、大きな会社を運営しているオーナー経営者などは、私のような者に興味を持たない（あるいは合わない）可能性が高いのでしょう。

そこでまずは、私自身を含む「1人士業事務所」の例をご紹介します。私の例で恐縮ですが、ご参考になれば幸いです。

「士業」という言葉に馴染みがない方もいるかもしれませんが、これは弁護士、司法書士、土地家屋調査士など、国家試験を通って登録し、開業する職種を指します。いわゆる「〇〇士」と名乗る資格を使って仕事をする業種ですね。

私自身は、山本憲明税理士事務所という事務所と、H&Cビジネス株式会社を経営しています。

士業の事務所というと、大勢のスタッフを雇うケースが一般的です。スタッフが実務をこなし、クライアントからもらう報酬のほうがスタッフの給料より多ければ、その差額が経営者（士業者）の利益になります。よって、「スタッフを何人抱えているか」が勝負のところがあります。

実際「税理士さんは何人雇っていますか？」と規模を聞かれることが昔はよく

ありましたが、最近では1人・少人数経営の考え方が浸透したのか、あまり聞かれなくなりました。

士業事務所を1人で経営すると、大規模にはならないぶん大きな収益を上げづらい面もあります。ただ、税理士や社会保険労務士などの場合、経理や総務、人事といった仕事に精通しているため、いわゆる「本社機能」的な業務も自分でこなせることが多く、人を雇わなくても回しやすいところがあります。

また、士業事務所を立ち上げるときは営業活動に苦労するケースもあるものの、一定の独占業務（資格を持つ人だけができる仕事）が存在するため、ある程度お客様が自然に集まってくる傾向もあります。**来てくださったお客様をきちんとサポートすれば、大々的な営業をしなくても仕事が集まる**、という一面があるのです。

こうした理由から、資格を取って開業すれば、それなりに1人でやっていきやすい業種と言えます。そして、業務の効率化を図って仕事時間を短縮できれば、士業に関連するほかの仕事（たとえば執筆や講演など）にも取り組みやすくなるという利点があるでしょう。

士業には、勉強して資格を取るというハードルがありますが、一度資格を取って独立してしまえば、1人でも十分生活が成り立つケースが多い仕事でもあります。もちろん、業務によって大儲けするのは難しいかもしれませんが、**「そこそこの収益を安定して得る」というスタイルには非常にマッチしている**のです。

2

1人医師

私が税理士事務所を運営して20年ほど経ちますが、「1人医師」という業態を知ったのはごく最近のことです。それまで、医師という仕事は大規模な病院を構えるか、勤務医として働くかの二択だと思っていたので、1人で医業を営むというイメージはまったくありませんでした。しかし、実際にそれを実践している方がいたのです。

もちろん、医師の資格を取るのは容易ではありませんし、医学部を卒業するなどのハードルがあるため、誰にでも今すぐ目指せるわけではありません。とはいえ、「1人で医師をする」形態に応用できるヒントがあるかもしれないので、ここで紹介したいと思います。

1人医師として活動しているSさんは、病院を開業するわけでもなく、病院に勤務するわけでもなく、患者さんのもとを直接訪問して診療を行っています。収入源（売上）は個人の患者さんからの報酬で、薬品などの仕入れは製薬会社から購入する形になり、非常にシンプルな経営形態です。

さらに、Sさんは医師の仕事だけでなく、不動産業も同時に行っています。具体的にはシェアハウスやマンションの一室などを所有して賃貸し、不動産収入を得ているわけです。今のところ物件を増やす段階で大きな利益はまだ出ていませんが、安定すればかなりの収益が期待できるとのこと。

こうした**医師業と不動産業、2つの事業をほぼ1人（一部家族の手伝いあり）で運営しているの**がSさんの特徴です。医師というと、「開業したら立派な病院を建て、看護師さんなど多くのスタッフを雇う」というイメージが強いかもしれませんが、

Sさんは1人で訪問診療という形を取り、不動産投資もあわせて行うという効率的なやり方を実践しているのです。

医師は独占的資格（医師免許がないと行えない業務）を持っているため、1人で開業してもある程度稼ぎやすいと言えます。そのうえ、稼いだお金をもとに、同じく1人でやりやすい不動産投資を行うというのは非常に合理的です。

医師になるのはハードルが高いかもしれませんが、このようなスタイルを見ると、資格をうまく活かした1人経営の可能性をあらためて感じさせてくれます。今後、こうした「1人医師」という働き方は増えていくかもしれません。

3

1人飲食店経営

「1人飲食店経営（1人飲食業）」は、私のこれまでの著書でも何度か取り上げてきたテーマです。比較的参入障壁が低く、始めやすい仕事のひとつと言えます。ただし、稼げるかどうかはまた別の問題で、始める前の計画が非常に重要な事業です。安易に始めてしまうと、厳しくなる例も少なくありません。

私が関わっている例としては、「1人カフェ」を経営している方が挙げられます。定年後にカフェを開き、地域の人と交流しながらゆったり過ごす——そんな話を耳にしたことがあるかもしれませんが、まさにその典型と言えるでしょう。

そのカフェの経営者は60代前半で、比較的人口の多い都市部のマンションや団地が立ち並ぶエリアに店舗を構えています。店舗は15坪（約50㎡）程度の広さで、席数はカウンターとテーブルを合わせて24席ほど。ゆったりとした造りで、リラックスしながらコーヒーを飲める雰囲気のお店です。

スタッフは雇わず、基本的に店主1人で切り盛りしています。店の裏にはいくつかの機械があり、コーヒー豆を炒ったり挽いたり（表現に誤りがあればご容赦ください）しているようです。お客様に提供するだけでなく、コーヒー豆の販売も行っています。

私が顧問として深く関わっているわけではないので、詳しい部分で相違があるかもしれませんが、お聞きした限りでは経営は順調で、このカフェからの収入だけで奥様と学生のお子様を含めた生活が十分成り立っているそうです。

平日の昼間などは、店内にお客様がほとんどいない時間もあるようですが、店主は店先でパソコンを触ってSNSや通販サイトの管理、あるいは情報発信をしているのかもしれません。実際、通販でコーヒー豆を売ることで店舗の売上よりも大きな利益を出している可能性もあるわけです。

1人カフェは、人と接するのが好きな人にとってはとても向いている仕事だと思います。私自身もかつて試算をしてみたことがありますが、店舗を大きくして支店を増やすとなると、内装費やスタッフの給料・社会保険料がかさみ、利益が削られるケースが多いです。**拡大すれば成長スパイラルに乗れますが、それは同時に「大きくし続けないと破綻しかねない」リスクも背負う**ことになるのです。

日本では今後、仕事を引退する世代が多く控えています。そうした方々をターゲットにしたカフェ需要はある程度見込めるかもしれませんが、ずっと需要が伸び続ける保証はありません。大きく拡大して固定費や人件費が膨らんだ場合、売上が下がったときの歪みが大きくなるでしょう。

だからこそ、最初から「1人カフェ」に絞るやり方を決めておき、**本業のカフェでは大きな利益を求めず、副業でしっかり稼ぐスタイルを構築**すれば、十分に生活できる利益を確保できるはずです。

副業といっても、コーヒー豆の販売以外にできることは無限にあります。店舗が暇な時間帯を活用してネットビジネスを組み合わせるなど、工夫次第で多角的に稼ぐことが可能でしょう。

コーヒーにこだわるのは必要かもしれませんが、**「カフェ」にのみ執着せず、他の事業やネット活用にも目を向けることで、１人カフェの可能性は格段に広がる**と私は考えています。

4 1人葬祭業

これまでの著書でも何度か登場している、「1人葬祭業」の実例をご紹介しましょう。多くの人は「葬祭業＝大きなホールで働く従業員がいて成り立つ」とイメージするかもしれませんが、私が関わっている葬祭業の事例は本当に1人で営んでいるので、参考になると思います。

その葬祭業は東京都品川区にあり、60代の男性が1人で会社を運営しています。会社の設立は2004年ごろで、当時はまだ最低資本金制度が存在していましたが、特例で資本金1円から会社を作ることができたため、行政書士の方の手助けを受けて少ない資本金で立ち上げたそうです。

当初は順調に売上が上がっていましたが、さまざまな要因から、ある時期に売上が下がり始めました。基本的には、お寺や病院への営業活動から仕事を紹介してもらうスタイルですが、なかなか入らない状態が続くこともあります。しかし、1年以上売上がゼロに近い状態でも、この会社は潰れていません。なぜかというと、経費がほとんどかからないからです。

家賃は古いアパートの2部屋で月3万5千円、駐車場は月1万5千円程度。車も古い軽ワゴンを使っていて、ガソリン代もさほどかからない。携帯電話も最低限のプランで、通信費を抑えています。消耗品や交際費も、コロナ禍で大幅に減りました。本人は物欲があまりなく、子どもは成人して奥様も働いているので、生活費自体が少額で済んでいるのです。役員給与も必要最低限だけ取り、売上がなくても大きな痛手にならない仕組みになっています。

私（税理士）への顧問料は「あるとき払い」です。年に2回ほど訪問して会計データをチェックしたり決算書を作ったりしますが、売上がない時期は報酬が払えず、実質的に後払いになっています。それでも付き合いが長いので私も引き受けていますし、結果的には分割のようにしっかり頂いています。

こうして気がつけば会社設立から20年が経ち、社長も高齢化が進んで今後どうなるかはわかりませんが、しばらくは今のまま存続していくでしょう。

一見特殊な例に思えますが、「**経費を徹底的に抑えれば、売上が少なくても会社は潰れない**」という好事例になるはずです。起業家の多くは「お金をたくさん稼ぎたい」という願望を持っている傾向がありますが、マイペースで経営できて、自分が望む生き方ができるのなら、売上の大小はそこまで重要ではないという考え方もあるわけです。

この葬儀屋さんは、ある意味1人経営の極致と言っていいでしょう。大きな利益は出していませんが、本人は不自由なく暮らし、潰れる心配も少ない。このような「**収入は多くないが、安定して好きなペースで続けていく**」という形も、1人経営の魅力のひとつだと思います。

5

1人投資家

1人投資家という働き方は、多くの方にとって最も可能性があるかもしれません。投資はそもそも1人で完結する形態が基本であり、ある意味、1人経営の究極の形と言えるでしょう。投資家にはいろいろな種類がありますが、まずは1人不動産投資家の例からお話しします。

◎1人不動産投資家

私の周りには、不動産投資を1人（または家族の手伝い程度）で行っている方が少なくありません。たとえば先述した「1人医師」の方も不動産投資を同時に行っていますし、他にも複数のマンション物件を所有して賃貸収入を得ているケースなどがあります。

これらの不動産投資家は、金利の安いローンを活用し、初期投資を抑えて物件を取得。そこから得られる家賃収入で借入金を返済しながら、差額の利益を安定的に出しているのです。もちろん、リフォームや修繕などの支出はありますが、借り手が付きやすい立地や物件の魅力があれば、家賃収入は比較的安定し、管理会社に委託することでオーナーの手間も最小限に抑えることができます。

小規模の物件であれば、すべてを1人で管理することも可能です。それでも、固定資産の維持に四六時中拘束されるわけではないので、他の不動産を追加購入したり、別の事業を並行して行う余裕が生まれます。

実際、私が知る不動産投資家の多くは、他の仕事と両立しながら不動産収入で生活を安定させるという方法をとっています。

◎馬主事業と投資家の共通点

なかには馬主事業と不動産投資を両立させている人もいます。私が馬主事業をほんの少々行っているため、その伝手でお手伝いをさせていただいています。

馬主事業とは、競走馬を購入・生産して所有し、調教師のもとでレースに出走させて賞金や出走手当を得る仕組みです。

一般的には「馬主は道楽」と言われ、損をするリスクが高い分野ですが、私が関わっている方の中には利益を出している事例もあります。多頭数の馬を所有し、さまざまなコスト削減を工夫することで、出走手当を中心に利益を上げるというやり方です。

馬主を「投資」という観点で見れば、馬にお金を投じて、あとからリターンを得るという形です。多くの人を雇う必要もなく、基本的には1人でも運営できるのは不動産投資と共通するところです。

◎1人投資家の魅力

結局のところ、何かの対象物（不動産や株、馬など）にお金や時間・労力を投入し、そこから継続的な収益を得る方法すべてが「投資」です。つまり、1人でそれを行っていれば「1人投資家」というわけです。

資格やスキルに関係なく、誰でも投資家にはなり得ますし、1人で始めやすいビジネスモデルでもあります。むろんリスクもありますが、初期投資の大小や知識をどの程度持っているかによってリスクの取り方をコントロールできるのも特徴です。

1人経営を目指す方にとって、投資は非常に魅力的な選択肢だと思います。**自分が扱いやすい分野を見つけ、1人で投資の仕組みを作り上げれば、ほかの誰にも干渉されずに収益を得る道が開ける**でしょう。

6

1人出版ビジネス

「出版」と聞くと、大きな出版社や編集部など多数の人々が関わって運営するイメージを抱くかもしれません。しかし、今では出版の形態が多様化し、それに伴うさまざまなビジネスモデルも生まれ、1人で担える余地が大きくなってきています。

その一例として、私が関わっている「出版スクール」をご紹介したいと思います。名前のとおり、まだ書籍を出した経験がない人が出版企画を作り、それを出版社に提案して本の出版に結びつけるためのスクールです。複数日程で講義を行い、受講者が企画書を作成し、出版社から参加している編集者にプレゼンをすることで、実際の出版につながる流れになっています。

この出版スクールは比較的高額な受講費で、最初は参加者も少なめでした。ところが、受講者が出版を実現する実績を積むにつれ、リピートや口コミで参加者が増加し、料金を上げてもなお成長を続けています。さらに、スクールでは受講生が書籍を出版した際の著者印税の一部を受講契約の中で受け取る仕組みになっているため、出版が増えれば増えるほど継続的に利益を得られるわけです。

最初はうまくいかず、社長も悩んでいた時期があったそうですが、地道に続けることで徐々に実績が増え、今では好調になっています。

この出版スクールを運営している会社は社長1人の体制です。実際には、いくつかの業務委託契約を個人や他社と結び、セミナーや講義の手伝いをしてもらっていますが、会社としては社長1名のみで運営しています。

スクール以外にも、「プレセミナー」やSNSでの情報発信、出版社への営業活動など、やるべき作業は膨大ですが、社長がほぼ1人で丹念にこなしており、結果として今の好調な状態に結びついています。

もちろん、体力面を考えると負担は大きいと思われますが、社長は元気に活躍しているようです。

この例からもわかるように、**「スクール」や「セミナー」を運営する事業は1人経営との相性がいい**と言えます。サービス内容が受講者にとって高い価値を持つ場合、**高額な価格設定でも成立しやすいですし、価格を上げるほど真剣な受講者が集まる傾向もあるため、顧客の質が向上するメリット**もあります。

さらに、受講生の実績が出れば出るほどスクールの評判が高まり、受講者も増えるという好循環が生まれやすいです。もちろん、立ち上げ当初は苦労も多いでしょうが、根気よく続けていけば大きく花開く可能性がある分野でもあります。

こうした事業は人を雇わずに進めることも可能で、必要な部分だけ外注や業務委託を活用すれば十分に回せます。派生ビジネスも多様に展開できるため、1人経営にとっては魅力的な選択肢となるでしょう。

7 1人貿易業（海外在住）

私が関わっている1人経営の中でも、やや異色とも言えるのが、この海外在住の1人貿易業です。具体的には、海外で生活しながら日本で生産された食料品などを海外に輸出して現地の業者に販売したり、逆に現地の資源を仕入れて日本に輸入したりといった、分類上は卸売業にあたるビジネスを1人で展開しています。

この方はマレーシアに在住していて、もともとは日本国内での卸売業を営んでいました。しかし海外移住を機に、日本の食材を海外へ輸出して販売する事業や、海外で手に入れた物資を日本に輸入する事業を手がけるようになったのです。扱う金額自体は大きく、卸売業の性質上、粗利率はそれほど高くありませんが、差し引きで大きな利益を出しています。

さらに注目すべきは、物価が安い国（マレーシア）に居住しつつ、日本円で稼いでいるという点です。日本円での収入を得ながら、生活費の安い場所に住めば、生活費を差し引いた最終的な手取りも比較的多くなるわけです（マレーシアの物価は日本の約半分から3分の2程度）。

とはいえ、当然ながらこのスタイルを簡単に1人で始められるわけではありません。海外でのネットワークや、輸出入の手続きに関する知識が必要です。しかし私は常々、**「物価の高いところから利益を得て、物価の安いところで生活するのは、円安が進む昨今は非常に合理的**だと感じています。

たとえば、私の息子がカナダに留学していたときや、ヨーロッパへ旅行した際に実感したのですが、欧米の物価は日本より高く、普通のレストランで3名分食事をすれば1万円を超えることは珍しくありません。交通費や宿泊代も高く、現地で生活するには相当な収入が必要になるでしょう。

このように、物価や賃金の水準が国ごとに大きく違う今の時代なら、外貨を稼ぎつつ日本で生活するというのが得策に思えます。海外の企業に就職したり、1人経営で外貨を稼ぎながら日本で暮らせば、為替レートや物価差によってより多くの資金を貯めることができるかもしれません。

もちろん、うまくいくかどうかは海外の事情にどれだけ精通しているかに左右される面も大きいでしょう。いきなり海外移住して、しかも1人経営を成功させるにはリスクや努力が伴います。それでも、今やどこにいても仕事ができるケースが増え、通信環境や物流体制も整いつつあるため、海外在住で1人貿易業を営むというのは魅力的な選択肢になり得ます。

経営には実に多様な形があり、こうした「**物価の高い国から収入を得て、物価の安い国で暮らす**」という発想も十分ありだと思います。自分の仕事やスキルをどこで活かすかを柔軟に考えれば、海外移住×1人経営という組み合わせも可能なのです。

8

1人製造業（電子部品）

私が開業当初からお付き合いしている企業の中に、「精密電子部品」の製造を完全に1人で行っている方がいます。実際には、電子部品というより電子回路（電気製品や計測器などに組み込まれるプリント基板）というほうが適切かもしれません。大手メーカーが手がけないような特殊な電子回路を開発・製造しており、非常にニッチな分野ながら安定した売上を維持しています。

電子回路というのは、抵抗やコンデンサなどの電子部品を組み合わせて機能を実現します。その設計や配置は高度な知識とスキルが必要で、昨今は部品の極小化やプリント基板の超小型化などが進んでいるため、より高度な専門技術が求められる領域だと言えるでしょう。

こうした高度な技術が必要な仕事だからこそ、1人で行う意義が大きいのだと思われます。もし大量生産が前提であれば、人を雇ってどんどん生産ラインを拡張するのが合理的です。しかし、この方のように**「特殊な電子回路を開発して、一定のファンに提供する」ビジネスモデルでは、むしろ1人で丹念に作り続けるほうが価値を高めることができる**のです。

広告宣伝に関しても、昔は紙の専門誌に掲載するくらいしか手段がなかったのが、今ではSNSや特定分野のコミュニティサイトなどを活用して新製品をPRできます。これにより、コストをほとんどかけずにファン層へ直接アプローチできるため、利益率も上がりやすくなっているそうです。

1人経営を検討している方にとって、こうした「特別なスキルで一定のファンを獲得する」仕事は非常に参考になるでしょう。以前紹介した1人士業事務所と同様、**正確さや丁寧さ、あるいはオーナー自身の人格がファンを生み出し、そのファンに対してよりよい製品やサービスを提供し続けることでビジネスを維持し**

ていく——これこそ、1人経営の理想形のひとつだと感じます。

繰り返しになりますが、1人経営を行うなら、独自のスキルを磨きながら丁寧な仕事でファンを獲得し、それを維持して利益を上げる——そうした方法が安定的で、長く続けやすいのではないでしょうか。

9 1人FC経営

ここで紹介するのは、フランチャイズ（FC）の本部を運営するのではなく、フランチャイジー（加盟店）として本部からブランドやノウハウを提供され、1人で店舗を運営するというケースです。

もちろん、フランチャイズ本部を1人で経営する可能性もゼロではありませんが、私が実際に関わっているのはFC加盟店のほうなので、そちらの事例を紹介します。

FCというと、コンビニや外食チェーンをイメージする方が多いかもしれませんが、今回取り上げるのはゴルフ関連のフランチャイズです。最近流行りの室内ゴルフ練習場で、最新の計測機器を使い、スイング軌道やヘッドスピード、コースシミュレーションなどを行うスタイル。

売上や在庫管理などのシステム面は、本部が確立したノウハウを利用できるため、セキュリティや業務管理も行き届いており、1店舗あたり1人いれば十分に回るという仕組みになっています。

なお、店舗にはゴルフのティーチングプロが1人常駐しており、業務委託契約によって給与を支払っているそうです。

最初はもちろん1店舗からスタートできますが、物件を本部に紹介してもらう、あるいは自分で見つけるなどして店舗を増やしていくことも可能です。内装や機材などの初期投資は必要ですが、融資面でも本部からサポートを受けられ、しかも売上が安定しやすいため、返済に困らないというメリットがあります。

ゴルフは多くの人が親しむスポーツで、急にすたれることは考えにくいです。つまり、安定経営が期待できる分野と言えるでしょう。店舗投資をすれば安定的に売上が入ってくるという意味では、不動産投資に少し似ています。ただ、不動産投資で立地が大事なように、このタイプのゴルフ練習場も立地の良し悪しが大きな影響を与えるので、その点はシビアに見極める必要があります。

コンビニや外食のような従来型のＦＣの場合、商品点数が膨大だったり24時間営業だったりで、多くのスタッフを確保しなければならず、１人経営には向かない面も多いです。オーナーが引退後に始めようとしても、労力や体力面で大変になるケースが少なくありません。

一方、こうした室内ゴルフ練習場のように、**人手がほとんど要らず、自動管理の仕組みが整っているＦＣであれば、１人経営との相性は良好**です。立地や費用対効果を慎重に検討しながら選べば、安定した収益を上げることができるでしょう。

10

1人建設業

最後にご紹介するのは、私が長年関わっている「1人建設業」です。建設業と聞くと、「大きな建設会社のイメージ」「多くの従業員がいる」という印象があるかもしれませんが、ここでお話しするのは完全に1人で建設業を営んでいる方のケースです。形式上は工務店という扱いになり、建設業許可を持っています。

この1人工務店では、家の設計や工事の段取り・計画を行い、大工さんに工事を発注する形を取っています。また、材料の仕入れなども工務店側で手配し、工事全体の進行管理や一部の作業補助をしつつ、家が完成するまで責任を持って統括しているのです。

肝心の仕事の受注先は、誰もが知る大手企業からの案件が中心で、経営は安定しています。創業当初から見てきましたが、丁寧な仕事と信頼関係の構築によって継続的な発注を受け、時には接待などのフォローも行いながら、安定した受注につなげているようです。

このように、**大手企業から仕事を請け負い、外注先に専門的な部分を任せつつ、自分は付加価値の高い部分を担う**というスタイルは、ほかの1人経営にも参考になるかもしれません。

「建設業のような大規模な事業を1人の小さな法人で本当にやれるのか？」と思う人もいるでしょう。しかし、**計画や段取りをしっかり行い、実務を専門家に依頼すれば十分成り立ちます**。この事例から、自分の得意分野でも同じ仕組みを作れないか考えてみると、新たな道が開けるかもしれません。

第 9 章

自分らしい生き方を手に入れる

1

「幸せな人生」を再定義する

いよいよ最後の章となりました。ここまで読んでいただき、本当にありがとうございます。あと少しだけお付き合いいただけると嬉しいです。

ここまで、1人経営についてさまざまな視点でお伝えしてきましたが、最終的にはやはり、「幸せに生きること」が肝心だと思います。もし経営で大きく成功して豪勢な生活を送っていても、それが自分にとって心からの幸せでなければ何の意味もありません（逆に、それで幸せを感じるならもちろんOKです）。

前にもご紹介したように、橘玲さんの『幸福の資本論』には、幸せに生きるためのカギとして「人的資本」「社会資本」「金融資本」の3つをバランスよく充実させることが挙げられています。確かに、その3つの資本のいずれかが極端に欠けていれば、幸せを感じにくいかもしれません。ただ、人生はもっと複雑で、3つの資本が揃っていても、必ずしも毎日「幸せだなあ」と思えるとは限りません。

結局、幸せは自分自身で見つけるしかないのです。誰しも、思わず「幸せだなあ」と感じる瞬間があるはずで、それを少しずつ増やしていけば、幸せに近づくのではないでしょうか。

もし1人経営を営んでいる最中に、そうした幸せな瞬間がたくさん訪れるなら、それはその人にとって素晴らしいことだと思います。たとえば、食べることが幸せなら1人飲食店をやってみるとか、読書が何よりの喜びなら1人書店や小さな出版ビジネスを考えるとか、のんびり過ごす時間に喜びを感じるなら、自由な時間を増やせる経営方針を実現する、といった具合です。

要するに、**どんな事業をするかだけでなく、どのように時間を使い、どんな行動をとるかを自分で決められるのが1人経営の魅力**。もし従業員を雇うと、彼らの生活や気持ちを考えなければいけないため、自分だけが幸せを追求するというわけにはいきません。1人なら、やり方や時間配分を自由に決められるので、自分が幸福感を得られる時間を増やしやすいのです。

また、日々の行動だけでなく、これからの人生全体を通して幸せに生きるにはどうしていくかを考えることも重要です。この本を読んでくださった皆さんには、ぜひ読み終わったあとに「自分にとっての幸せな人生」をじっくり定義してみていただきたいです。そして、その幸せを実現するためにどんな1人経営を行うかを決め、実行してほしいと思います。

繰り返しになりますが、幸せな人生とは誰かに決められた型にはめるものではなく、あくまで自分自身が定義するものです。**自分にとって何が幸せなのかをはっきりさせ、その道を歩み続ける**――それだけで人生はきっと、今よりずっと豊かで楽しいものになるはずです。

2 「幸せな人生」を実現する働き方を

前節でも少し触れましたが、1人経営は、幸せな人生を実現しやすい働き方だと思います。もちろん、1人経営では稼げる金額が限られるうえに、従業員から「搾取」して莫大な利益を得るような資本主義的な方法は取りづらいので、金銭面だけ見れば必ずしも恵まれているとは限りません。それでも、お金がたくさんあれば幸せというわけではないはずです。最終的には、「幸せって何だろう？」を自分で定義するものですし、その定義を体現しやすいのが1人経営ならではの特徴です。

では、なぜ1人経営だと幸せな人生になりやすいのでしょうか。第一に「**何をやっても自由**」という点が挙げられます。1人経営では大きな売上や従業員の給料を維持するために常に拡大し続ける必要もなく、結果的に**経営に時間や心を奪われにくい**のです。「経営はそう甘くない」「経営のことばかり考えるのが当たり前だ」と言われるかもしれませんが、それだって自分の意思次第。もし経営だけを考える生き方が幸せでないのなら、そうしなければいいだけの話です。

加えて、1人経営なら**「自分が定義した幸せ」を実現させるための事業を立てやすい**というメリットもあります。たとえば温泉が好きなら温泉に関する事業をやってもいいし、お寿司好きならお寿司関連のビジネスを検討するのもいいでしょう。もしくは、自分が大好きなお寿司をたまに食べられるだけの稼ぎを目標にして、その範囲で経営を組み立てても構わないわけです。

何より1人経営においては「時間の使い方」を自由に決められる可能性が高いのが最大の強みです。**スケジュールを自分で組み立て、何にどれだけの時間やお金を費やすかを自分の裁量で決められる**――これこそが1人経営の特権です。だからこそ、自分なりの幸せを追求するために最適な事業とライフスタイルをデザインすることがしやすくなります。

「自分の幸せはこういうものだ」と明確に定義し、そのためにどう1人経営を活用するかを考え、実行していく。そんなふうに人生を組み立てるのが、幸せな人生をずっと続けるための理想的な方法と言えるのではないでしょうか。

3 「幸せな人生」をずっと継続させる

前節で「幸せな人生を続けていくために」という話をしましたが、たとえ一時的に幸せになっても、それが一瞬で終わってしまうのでは意味がありません。どうせなら死ぬまでずっと幸せでありたい。そのためにこそ、1人経営が役立つのではないか、というお話です。

幸せな人生の定義は人それぞれで、しかも時が経つにつれて変化していくものです。ただ、重要なのは、その幸せをどれだけ長く維持できるかという点。言い換えれば、**自分の幸せを途切れさせないためにはどうすればいいかを意識し、行動する**必要があります。

1人経営は、その手段として最適だと私は考えます。まずは1人経営をしながら自分なりの幸せを見つけ、それを継続的に享受できる仕組みを整える。

具体的には、**経営計画を作って実行し、それを定期的に見直して時代に合った形に変えていくことで、自分の幸せな状態を維持しやすくする**のです。もちろん家計や仕事以外のプライベート領域も含めて計画し、適宜アップデートしていけば、ずっと幸せに生き続けられる可能性が高まります。

なぜ1人経営が幸せを持続させやすいのか。大きな理由のひとつは、自分以外の従業員を抱えていないことです。組織を作れば、そのメンバーの人生や幸せにも責任を負わねばなりません。**1人で経営するなら、まずは自分の幸せを最優先にできる**わけです。そのうえで、周りの人や社会に対してどう貢献するかを自由に考えられるという利点があります。

もうひとつは、1人経営は身軽に形態を変えやすいということ。規模が大きいほどどうしても事業が固定化されがちですが、**1人なら状況に合わせて柔軟に計画や方法を変え、常に自分の幸せを追求したスタイルを維持できます**。これからの社会は、変化のスピードが加速度的に増すと言われており、身軽に対応できるというのは最大のメリットです。

要するに、「ずっと幸せな人生」を続けていくうえで、1人経営は非常に相性がいいのです。大きな会社を作って多くの人を雇い、華やかな暮らしを見せびらかすことだけが幸せではありません。自分独自の幸せを定義し、そこに向かって柔軟に舵を切りながら生きていく――そんな身軽さを手に入れるためにも、1人経営を選択する価値は大いにあるでしょう。

4 周りを幸せにできたらもっと最高

1人経営では、多くの従業員を雇って生活を支えるという形で周りを幸せにすることは難しいかもしれません。しかし、事業を通じて周りを幸せにする方法はいくらでもあります。この本を最後まで読んでくださっている皆さんはきっと、高い志を持った方だと信じています。ぜひ、1人経営を通じて自分の生き方を実践しながら、周りの人を幸せにできる活動も意識してみてください。

事業を行うこと、つまり起業して売上を上げるとは、突き詰めれば「**多くの人が抱える面倒ごとや悩みごとを解決する**」ことにほかなりません。人々の問題を解決できなければ、事業はうまくいかないはずだからです。つまり、経営をすることで周りの人を幸せにしていると見ることもできるわけです。

もしすでに1人経営をしているなら、**自分が提供している商品やサービスがどのように人々の悩みを解消しているかを改めて考えてみる**のがおすすめです。そして、さらにその度合いを深めるにはどうしたらいいか検討し、実行していくといいでしょう。

また、事業を拡大して多くの人を雇用するスタイルであれば、「雇用を生む」という大きな社会貢献が可能ですが、1人経営ではそれが実現しにくい面があります。だからこそ、代わりに**お客様の悩みを解決するとか、地域や社会に対してプラスの影響を与える**、あるいは**ボランティアのような形で周りを明るくする**など、別の方法で社会に貢献することが考えられます。そうすれば、1人経営でも十分に周りを幸せにすることができ、最高の生き方を実践できるはずです。

1人経営だからといって、自分の幸せだけに注力するのは少しもったいないとも言えます。少しの余裕ができたとき、あるいはできそうなときに「**周りの人々**

を幸せにするために何ができるか」を考えてみてください。それを実行すれば、結局は自分自身が一番報われる形にもなり、相乗効果で事業もうまくいく可能性が高まるはずです。

5

1人経営で「辛い」ことはなくす

経営は生半可ではできない、辛いことや悩みが多い――そういった声をよく耳にするかもしれません。特に、お客様や同業者に話を伺うと、従業員や資金繰りのことでストレスを感じている方が多いようです。仕事環境やプライベートな悩みも加わり、経営者はストレスを抱えやすいのは間違いないと言えるでしょう。

しかし、せっかく1人経営を選んだのなら、わざわざ自分で辛いことを背負い込む必要はないのではないでしょうか。1人経営なら従業員を雇わずに済むため、スタッフ間の人間関係やマネジメントに悩むことが格段に減ります。資金繰りや経営計画などのお金まわりも、「たかがお金」という気持ちでとらえれば、売上が下がっても生きている限り大きな問題ではないと割り切ることもできます。

もちろん、「そうは言っても辛いことが多い」という意見もあるでしょう。私も、仕事がたまって時間が足りないというストレスを感じることがあります。でも、その原因を突き詰めれば自分の管理不足かもしれない。そう考えれば、しっかり計画を立てることで解決できる可能性が高いといえます。

実際、私自身は時間の使い方やスケジュールを定期的に見直し、余裕を持てるように工夫してみると、仕事がスムーズになりストレスも軽減されました。むしろ、計画を立てる作業自体が楽しくなり、仕事をこなしていくプロセスに喜びを感じるようにもなりました。

1人経営をしていて辛いと感じるなら、仕事以外の面も含めて生活全体を充実させることを考えてみてください。仕事だけが人生ではありませんし、誰かと比べる必要もない。**自分のペースで働き、好きなことや趣味に時間を使えば、仕事の辛さも和らぐはず**です。もともと大きく儲けるよりも、自由を得るために1人経営を選んだのであれば、過度に派手な暮らしや大きな利益は追求しなくてもいいのです。楽しむことが最優先でも問題ありません。

辛いことに直面したら、まずは自分の状況を客観視して、やらなくてもいいことはやらず、計画的に対処できることは計画を立てて行動してみる。**1人経営だからこそ、辛いことをなるべくなくして楽しく生きる工夫を徹底できる**のです。

長い人生を考えれば、心身の健康を保ち、仕事もプライベートも楽しむことこそが、1人経営の本来の醍醐味ではないでしょうか。

6 超長期的視点で生きていく

1人経営を続けていくうえでは、経営の成功や日々の充実に注目しがちですが、同時に「超長期的な視点」を持って生きることもとても大切です。

「超長期的視点」とは、**今日・明日のことだけを考えるのではなく、30年後にはこうなりたいとか、あるいは今の選択が将来どんな結果をもたらすかをしっかり考えて行動する、**ということです。

もちろん、「今、目の前のことを1つひとつこなす」ことは欠かせません。ただ、人生全体を見渡したときに、今これをやると将来どうなるか、どうすれば長期的にメリットを得られるかなど、もう少し先の未来を意識しておくと、結果的によりよい人生を歩める可能性が高まります。

人の身体は、若いときがピークで、やがて衰えていきます。体力や集中力は年齢とともに少しずつ落ちていくでしょう。だからこそ、将来をよくするために今何をすべきかを考えるほうが得策です。たとえば、健康寿命を伸ばすために今から生活習慣を整えるとか、70歳以降にどう生活するかを視野に入れて計画を立てるとか、将来のために今はあえてお金を使わないなど、長期目線で物事を設計すると、あとで後悔しにくくなります。

「**過去は変えられないが、今からでも未来を変えられる**」という言葉は確かに真実です。しかし、ある程度の準備をしておかないと、今からいくら頑張っても挽回が難しい場面はあります。過去の積み重ねが今の状況を作っているとも言えますから、あとで「ああ、あのときやっておけばよかった」と嘆かないように、今から未来に向けて備えることが賢明ではないでしょうか。

最近よく言われるように、「人生100年時代」が現実味を帯びてきています。

1人経営は人生そのものでもあるので、長く生きる分だけ、その時間をどう充実させるかが大きな課題になります。だからこそ、1人経営にも超長期的視点を取り入れて行動すれば、より豊かな人生につながっていくはずです。

具体的には、

- 今はどのような事業を行い、どう利益を出すか
- 10年後、20年後、30年後にはどんな形態で事業を続けているか
- もしかすると働き方や場所を大きく変えるのか

といった将来のシナリオを考え、定期的に計画を見直しながら実行していくのです。その積み重ねが、最終的に未来の自分を大きく助けてくれるでしょう。

7

細かいことは気にしない

ここまで、1人経営をどう続け、どうすれば困らずに生きていけるかを中心にお話ししてきました。確かに、1人経営にはやることがたくさんあり、将来の計画を立てて着実に事業を回していくのは大切なことです。

とはいえ、「**生きているだけでラッキー**」「**細かいことは気にしなくても大丈夫**」という考え方も、同時に持っておくと気持ちが楽になるのではないでしょうか。

私の周りには非常に真面目な人が多く、強い責任感を持って行動しているケースが目立ちます。「いつまでにこれをやらなければ」「成功を収めなければ」などの想いを抱えて頑張るのは素晴らしいですが、うまくいかないときに折れやすくなってしまうのも事実です。

私自身、昔は「もっと頑張れば何でもできる」と考え、ごく真面目に働いていましたが、50歳を超えた頃に体調を崩し、その影響で心の病を経験することになりました。それまで「自分がそんな病気になるわけない」と思っていたので、先の見えない辛さに戸惑ったのを覚えています。

それ以来、気楽に生きることを心がけ、「**自分など大したことないし、生きているだけでラッキー**」と考えるようにしました。もちろん、最低限のルールや相手への配慮、仕事の責任は果たしつつ、「**そこまで追い込まなくてもいい**」というスタンスを取っているのです。

将来のことを考えて長期的なビジョンを持ちつつも、今が楽しければOKという感覚で行動してみると、意外なほどラクになりました。大きな成果を出しているわけではないかもしれませんが、仕事は続けられていますし、家族も幸せで、これでいいのかな、と思える状態です。

ここまで1人経営のノウハウをお伝えしてきましたが、もちろん皆さんには「1人経営」というスタイルを活用して、自分なりの成功や幸せをつかんでほしいと願っています。一方で、**もし計画通りにいかなくても、悲観せず楽しく生きてほしい**というのが私の本音です。

1人経営を長く続けるには、あまり思いつめずに気楽にやることが一番です。本書を参考にしつつ、自分らしくアレンジして、ずっと楽しく、幸せに生きていっていただけたら、私にとっても何より嬉しいことです。ぜひ、そんな自分なりの1人経営を見つけていただれば幸いです。

おわりに

週末に少年野球の指導を行っているのですが、その指導を行うために受ける必要がある「ハラスメント講習会」というのがあり、先日行ってきました。その場で、「あなたのスポーツ指導を漢字1文字であらわすと何ですか」と講師の方から問いかけられ、私の場合は〝楽〟かな、と思いました。

まずは楽しくやることが何においても一番大事で、また、「頑張るけど、気楽にやることも大事」ということも指導の中で教えたいと思っているからです。

その講習が終わっていろいろと考えていた中で、「1人経営も、〝楽〟が大事なんじゃないか」ということに気がつきました。

まず、せっかく1人経営をやるのであれば、楽しいほうがいいということ。楽しくなければ仕事じゃない、というのは本当にそう思います。「楽しい仕事など、できる人は限られている。仕事は苦しいものだ」という考え方もありますが、昭和的なその考え方はもう古いのではないでしょうか。「仕事が楽しい」という状態は、自分次第で作れるものです。

また、1人経営は気楽にやろうということ。経営者は苦しい思いを乗り越えてこそ成功をつかめるものだ、という考え方もあるでしょうが、うまくいかなくても仕方ない、くらいの気楽な気持ちでやったほうがいい結果を得られる可能性が高いと考えられます。

そして、1人経営においては〝楽〟をしようということも挙げられるでしょう。もちろん、大変な思いをして仕事をすることにも大きな価値はありますが、これからの新しい時代にはやはり、〝楽〟をすることも覚えなければ、立ち行かなくなる可能性もあると考えられます。本書中に何度も出てきたＡＩなど、楽をすることができるツールがどんどん進化していっているのですから、それらを利用しない手はありません。利用して楽をし、できた時間でさらに楽しいことをして生きていくことが、ストレスフリーな社会につながっていくと私は信じています。